# HERZLICHEN GLÜCKWUNSCH

Und Dankeschön für den Kauf dieses Buches. Als besonderes Schmankerl* finden Sie unten Ihren persönlichen Code, mit dem Sie das Buch exklusiv und kostenlos als eBook erhalten.

Beachten Sie bitte die Systemvoraussetzungen auf der letzten Umschlagseite!

1018r-65p6v-
ux701-37rkq

Registrieren Sie sich einfach in nur zwei Schritten unter **www.hanser.de/ciando** und laden Sie Ihr eBook direkt auf Ihren Rechner.

KOMPETENZ · HANSER · GEWINNT

*Bayrisch für eine leckere Kleinigkeit; ein Leckerbissen

Baron/Hüttermann

# Fragile Agile

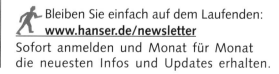

Pavlo Baron
Michael Hüttermann

# Fragile Agile

## Agile Softwareentwicklung richtig verstehen und leben

**HANSER**

*Pavlo Baron,* http://www.pbit.org

*Michael Hüttermann,* http://huettermann.net

Alle in diesem Buch enthaltenen Informationen, Verfahren und Darstellungen wurden nach bestem Wissen zusammengestellt und mit Sorgfalt getestet. Dennoch sind Fehler nicht ganz auszuschließen. Aus diesem Grund sind die im vorliegenden Buch enthaltenen Informationen mit keiner Verpflichtung oder Garantie irgendeiner Art verbunden. Autoren und Verlag übernehmen infolgedessen keine juristische Verantwortung und werden keine daraus folgende oder sonstige Haftung übernehmen, die auf irgendeine Art aus der Benutzung dieser Informationen – oder Teilen davon – entsteht.

Ebenso übernehmen Autoren und Verlag keine Gewähr dafür, dass beschriebene Verfahren usw. frei von Schutzrechten Dritter sind. Die Wiedergabe von Gebrauchsnamen, Handelsnamen, Warenbezeichnungen usw. in diesem Buch berechtigt deshalb auch ohne besondere Kennzeichnung nicht zu der Annahme, dass solche Namen im Sinne der Warenzeichen- und Markenschutz-Gesetzgebung als frei zu betrachten wären und daher von jedermann benutzt werden dürften.

Bibliografische Information der Deutschen Nationalbibliothek:

Die Deutsche Nationalbibliothek verzeichnet diese Publikation in der Deutschen Nationalbibliografie; detaillierte bibliografische Daten sind im Internet über http://dnb.d-nb.de abrufbar.

© 2010 Carl Hanser Verlag München (www.hanser.de)
Lektorat: Margarete Metzger
Herstellung: Irene Weilhart
Copy editing: Jürgen Dubau, Freiburg/Elbe
Umschlagdesign: Marc Müller-Bremer, www.rebranding.de, München
Umschlagrealisation: Stephan Rönigk
Datenbelichtung, Druck und Bindung: Kösel, Krugzell
Ausstattung patentrechtlich geschützt. Kösel FD 351, Patent-Nr. 0748702
Printed in Germany

ISBN 978-3-446-42258-2

# Inhalt

| 1 | **Einleitung** | 1 |
|---|---|---|
| 1.1 | Warum dieses Buch? | 1 |
| 1.2 | Wer sollte dieses Buch lesen? | 2 |
| 1.3 | Aufbau des Buches | 3 |
| 1.4 | Danksagung | 4 |
| 1.5 | Über die Autoren | 4 |

| 2 | **Das Agile Manifest** | 5 |
|---|---|---|
| 2.1 | Die Bedeutung | 6 |
| 2.2 | Wertepaar 1: Individuen und Interaktionen sind wichtiger als Prozesse und Werkzeuge | 11 |
| 2.3 | Wertepaar 2: Lauffähige Programme sind wichtiger als ausführliche Dokumentation | 11 |
| 2.4 | Wertepaar 3: Die stetige Zusammenarbeit mit dem Kunden ist wichtiger als Vertragsverhandlungen | 12 |
| 2.5 | Wertepaar 4: Der Mut und die Offenheit für Änderungen sind wichtiger als das Befolgen eines Plans | 13 |
| 2.6 | Von „agil" und „Agil" | 13 |

| 3 | **Nützliche Software** | 15 |
|---|---|---|
| 3.1 | Die Bedeutung | 16 |
| 3.2 | Die Fehlinterpretationen | 19 |

| 4 | **Wechselnde Anforderungen** | 27 |
|---|---|---|
| 4.1 | Die Bedeutung | 29 |
| 4.2 | Die Fehlinterpretationen | 36 |

| 5 | **Fortlaufend ausliefern** | 41 |
|---|---|---|
| 5.1 | Die Bedeutung | 42 |
| 5.2 | Die Fehlinterpretationen | 47 |

**6 Zusammenarbeit** .................................................................. **51**

6.1 Die Bedeutung ....................................................................... 53

6.2 Die Fehlinterpretationen ..................................................... 56

**7 Motivierte Individuen** ......................................................... **61**

7.1 Die Bedeutung ....................................................................... 62

7.2 Die Fehlinterpretationen ..................................................... 64

**8 Konversation von Angesicht zu Angesicht** ................ **71**

8.1 Die Bedeutung ....................................................................... 72

8.2 Die Fehlinterpretationen ..................................................... 76

**9 Funktionierende Software** ................................................. **85**

9.1 Die Bedeutung ....................................................................... 87

9.2 Die Fehlinterpretationen ..................................................... 92

**10 Nachhaltige Geschwindigkeit** ......................................... **97**

10.1 Die Bedeutung ....................................................................... 99

10.2 Die Fehlinterpretationen ................................................... 106

**11 Technische Güte und gutes Design** .............................. **113**

11.1 Die Bedeutung ..................................................................... 115

11.2 Die Fehlinterpretationen ................................................... 120

**12 Einfachheit** ............................................................................. **127**

12.1 Die Bedeutung ..................................................................... 128

12.2 Die Fehlinterpretationen ................................................... 134

**13 Selbstorganisierende Teams** .......................................... **139**

13.1 Die Bedeutung ..................................................................... 140

13.2 Die Fehlinterpretationen ................................................... 144

**14 Kontinuierliche Adaption** ................................................. **149**

14.1 Die Bedeutung ..................................................................... 151

14.2 Die Fehlinterpretationen ................................................... 155

**15 Ein paar abschließende Gedanken** .............................. **161**

**16 Eine Reise in die Zukunft** ................................................ **163**

**Register** ........................................................................................ **167**

# 1 Einleitung

## 1.1 Warum dieses Buch?

Die agile Softwareentwicklung gewinnt immer mehr an Bedeutung. Deren Konzepte werden von der Idee einiger weniger experimentierfreudiger Pioniere zum Alltag vieler Unternehmen bzw. Nachzügler der dritten und vierten Reihe. Agile Softwareentwicklung wird Mainstream.

Doch genau im Mainstream lauern die Gefahren. Die ursprünglichen, reinen Ideen der agilen Softwareentwicklung werden häufig nicht ausreichend vermittelt. Oder Leute, die nun mit Agilität in Berührung kommen, ignorieren diese ursprünglichen Grundsätze und schnappen sich stattdessen nur die erste Methodik, die ihnen über den Weg läuft, nur um den Orden „agil" auf der Brust tragen zu dürfen. Ohne Rücksicht auf Verluste. Ohne adäquates Zuschneiden. Ohne Überlegung, ob und was besser und passender wäre. Ohne Respekt vor Grautönen, einfach nur von Schwarz ins vermeintliche Weiß.

Wir haben in vielen Jahren in diversen Projekten und Teams festgestellt, dass viele Menschen häufig nicht genau verstehen, was die agile Softwareentwicklung denn eigentlich ausmacht, und zwar im Kern, netto sozusagen. Dafür haben sie aber beispielsweise den Scrum-Floh im Ohr sitzen. Sie wissen nicht, nach welchen Prinzipien man agil denken muss, um so auch Software entwickeln zu können. Sie fürchten sich vor Pair Programming, weil sie es für Ressourcenverschwendung halten. Es hat sich zu viel oberflächliches, gefährliches Halbwissen angesammelt, weil sich viele nicht einmal die Mühe machen, bei Wikipedia unter „Agile Softwareentwicklung" nachzuschlagen, sondern gleich das Scrum-Brecheisen auspacken. So stellen sie ihr ganzes Unternehmen auf den Kopf, ohne jedoch zu wissen, dass sie mit Scrum ein Managementkonzept und keineswegs per se agile Softwareentwicklung einführen.

Kurzum: Für viele scheint die agile Softwareentwicklung in ihrer reinen, methodenunabhängigen Form im Spannungsfeld zwischen Marketing-Hype und Halbwissen ein Buch mit sieben Siegeln zu sein. Und genau an dieser Stelle setzen wir an und wollen helfen.

Wir verkaufen Ihnen keine Methodik. Wir verkaufen Ihnen keine Beraterleistung. Wir verkaufen Ihnen keine Schulung. Wir verheimlichen Ihnen nicht die Hälfte der Wahrheit.

Wir erklären Ihnen umfassend und anschaulich, was agile Softwareentwicklung bedeutet. Dies machen wir anhand dessen, was die agile Softwareentwicklung überhaupt definiert: dem Agilen Manifest („Agile Manifesto") mit seinen vier Wertepaaren und den dazugehörigen zwölf Prinzipien. Wir greifen also direkt an die originäre Wurzel und diskutieren weder Derivate noch mit Ballast angereicherte Interpretationen oder gar Sekundärliteratur.

Wir tun unser Bestes, um Ihnen das Verständnis für die Materie zu vermitteln. Nach der Lektüre dieses Buches sollten Sie wissen, was sich hinter den Wertepaaren und Prinzipien verbirgt und wie Sie sie *richtig verstehen* und *anwenden* können und sollten. Wir geben Ihnen viele Denkanstöße und Positiv-, aber auch Negativbeispiele aus der Praxis. Wir hoffen, Ihnen die agile Softwareentwicklung mit diesem Buch so gut wie möglich nahe bringen zu können.

## 1.2   Wer sollte dieses Buch lesen?

Die Zielgruppe umfasst all diejenigen, die vor dem Hintergrund der Softwareentwicklung in Projekten tätig sind bzw. mit Softwareentwicklungsabteilungen zusammenarbeiten. Insbesondere:

■ Auftraggeber oder wie auch immer man diese Rolle bezeichnet. Sie müssen ganz genau verstehen, wie viel Freiheit sie den agilen Teams gewähren und wie sie mit ihnen interagieren und zusammenarbeiten müssen, um die besten Resultate zu erhalten.

- Alle Mitglieder des Softwareentwicklungsprozesses im engeren Sinne, die zu agilen Teams verschmelzen. Angefangen beim Entwickler und aufgehört beim Tester, alle müssen die Agilität *verstehen* und *leben* und sie nicht als lästig auffassen.

- IT-Manager jedweder Form, inklusive der Projektleiter bzw. ScrumMaster (ja, genau, diese gehören per Scrum-Definition *nicht* zum agilen Team). Sie müssen auch genau verstehen, welche Freiräume sie den Teams geben müssen.

- Anfänger der agilen Softwareentwicklung, die eine praxisnahe, fundierte und methoden- sowie technologieunabhängige Einführung suchen.

- Fortgeschrittene der agilen Softwareentwicklung und Experten, die einerseits an neuen Impulsen, andererseits an einer Diskussion der agilen Werte und Prinzipien interessiert sind.

## 1.3 Aufbau des Buches

Das Buch ist recht einfach, gleichwohl geschickt im Aufbau. Es folgt dem Aufbau des Agilen Manifests. Zunächst werden die Wertepaare erläutert – im zweiten Kapitel. Danach folgen zwölf Kapitel – je eins pro Prinzip. Die letzten beiden Kapitel sind eine Art Blick in die Glaskugel – Zukunftsprognosen bezüglich der agilen Softwareentwicklung aus der individuellen Sicht der beiden Autoren.

Wir haben unser Bestes getan, um Ihnen das Lesen dieses Buches so einfach und angenehm wie möglich zu gestalten. Das Buch ist vollgepackt mit Anekdoten und Witzen (mit ernstem Hintergrund). Wir versprechen, Sie werden aus dem Schmunzeln und stellenweise auch offenem Lachen nicht herauskommen, falls Sie dafür empfänglich sind.

Aber denken Sie bitte daran: In jedem Witz steckt immer etwas Witz. Exakt, Sie haben richtig gelesen: etwas Witz. Wir meinen alles sehr ernst – so sind die Anekdoten nicht erfunden, sondern an Erfahrungen von uns oder Bekannten von uns angelehnt. Wir entspannen Sie beim Lesen nur, um Ihnen dieses sehr wichtige Thema zu vermitteln und Sie vielleicht etwas leichter, spielerischer erreichen zu können. Ein mieser Trick? Nein – Sie werden es sehen. Falls Sie dieses Buch also während Ihrer Arbeitszeit lesen oder im Ehebett, stellen Sie sicher, dass spontanes Ausstoßen von Aha-Lauten oder schallendes Gekicher keine Verwirrung bei den Anwesenden zur Folge haben.

Viel Spaß bei der Lektüre!

## 1.4    Danksagung

Pavlo Baron bedankt sich in erster Linie bei seiner Familie – für die Geduld und die Unterstützung, die sie während der Arbeit an dem Buch aufbrachte. Ein besonderer Dank gilt dem Hanser-Verlag und der Frau Metzger persönlich, ohne die dieses Buch niemals Realität geworden wäre. Und Michael für die produktive Zusammenarbeit.

Michael Hüttermann bedankt sich bei seiner Familie und bei Pavlo für die spannende Kooperation bei der Erstellung dieses Werks. Ferner gilt großer Dank dem sehr professionell arbeitenden Hanser-Verlag, allen voran Frau Metzger, der Lektorin dieses Buchs.

## 1.5    Über die Autoren

*Pavlo Baron* hat in seiner fast 20-jährigen Laufbahn als Entwickler, Berater, Team- und Projektleiter und IT-Architekt eine Fülle von wertvollen Erfahrungen in den unterschiedlichsten Unternehmen und auf fast allen relevanten Gebieten des IT-Lebens gesammelt. Dabei geht es ihm besonders um den Einklang zwischen harten technischen und weichen psychologischen und organisatorischen Faktoren. Seine Erfahrungen gibt er in Büchern, Fachzeitschriften und auf Konferenzen weiter.
Mehr dazu unter: http://www.pbit.org

*Dipl.-Wirt.-Inf. Michael Hüttermann* (Sun Java Champion, SCJA, SCJP, SCJD, SCWCD) ist freiberuflicher Entwickler, Berater, Coach, Autor und Dozent für Java/JEE, ALM/SCM, SDLC-Tooling und agile Strategien. Zur proaktiven Verfolgung seiner Work-Life-Balance schreibt er Bücher und Artikel, und spricht auf Konferenzen.
Weitere Infos unter http://huettermann.net.

*"Say what you will about the Ten Commandments,*
*you must always come back to the pleasant fact*
*that there are only ten of them."*

*H. L. Mencken*

## 2 Das Agile Manifest

Individuals and interactions over processes and tools
Working software over comprehensive documentation
Customer collaboration over contract negotiation
Responding to change over following a plan[1]

Individuen und Interaktionen sind wichtiger als Prozesse und Werkzeuge
Lauffähige Programme sind wichtiger als ausführliche Dokumentation
Stetige Zusammenarbeit mit dem Kunden ist wichtiger als Vertragsverhandlungen
Mut und Offenheit für Änderungen sind wichtiger als das Befolgen eines Plans

---

[1] © 2001 bei den auf S. 10 genannten Autoren des Manifests. This declaration may be freely copied in any form but only in its entirety through this notice.

## Eine kleine Fabel

Es war einmal eine Savanne. Rund um eine reichhaltige Wasserstelle, an einem großen Wasserfall gelegen, scharte sich eine Vielzahl von Tieren, große wilde Tiere und kleine handzahme. Manche grasten einfach nur und ließen es sich gut gehen. Andere pflegten wechselseitige Abhängigkeiten, lebten jeden Tag in komplexer Symbiose. Es gab warmherzige Tiere, die auch an andere dachten, es gab aber auch egoistische Intriganten. Obwohl das Wasser nie ausging und für alle Anwohner genug von dem lebensnotwendigen Element zur Verfügung stand, gab es immer wieder Tiere, die meinten, es spiele eine besondere Rolle, wo genau sie am Wasser ihre Erfrischung zu sich nahmen. Insgesamt aber befand sich die Ökologie im Gleichgewicht und hatte schon so manchen Sturm überstanden. Und von Natur aus waren alle Tiere eh bestrebt, ihr Verhalten möglichst effektiv und effizient zu gestalten und immer weiter zu optimieren, denn mit der Zeit wurden es immer mehr Tiere, die in immer kürzerer Zeit immer mehr Wasser trinken mussten. Also suchte man nach kürzeren Durchlaufzeiten, optimierten Trinkaufstellungen und reibungsloserer Wasserzufuhr.

Bis dann über die Jahre immer mehr das geflügelte Wort der „Agilität" die Runde machte. Gerüchten zufolge fing es damit an, dass 17 weiße Elefanten ein Wetttrinken veranstalteten. Einer der Elefanten meinte: „Hui, wir trinken aber agil", also zackig. Nur wenig später waren plötzlich die Gnus „agil" und auch die Zebras, an sich alles Tiere, die schon von Geburt an als agil zu bezeichnen waren. Dann aber, als auch die Schildkröten den Anspruch erhoben, agil zu trinken, wurde es leicht unübersichtlich. Viele alte, aber auch viele neue Praktiken der Savanne wurden – manche zu Recht, manche zu Unrecht – als „agil" tituliert. Selbst die Wasserstelle war nach landläufiger Meinung nun „agil" bzw. wurde bei den Hardlinern sogar verunglimpft, niemals eine ordentliche Wasserquelle gewesen zu sein.

Nachdem ein signifikanter Sättigungsgrad an „Agilität" eingetreten war, überlegten die Tiere, was sie nun machen sollten.

## 2.1   Die Bedeutung

Allgemein betrachtet werden unter dem Oberbegriff „agile Softwareentwicklung" verschiedene Vorgehensmodelle bzw. Methoden zur Erstellung von Software zusammengefasst, die insbesondere auf eine enge Zusammenarbeit im Team, stetigen Wissensaustausch und -verteilung sowie iterative Entwicklung aufbauen. Sieht man jedoch genauer hin, so bezieht sich die Agilität auf die Denkweise und die Einstellung zur Arbeit und zur Kooperation mit Kollegen im

Rahmen der Softwareentwicklung. Diese Denkweise ist also grundsätzlicher und umfassender als Vorgehensmodelle oder Methoden.

Obwohl sich die agile Softwareentwicklung auch auf andere Disziplinen wie Anforderungsmanagement und Testmanagement erstreckt, ist es doch insbesondere das Projektmanagement, also die Planung und konkret die Durchführung eines Projekts, das durch die agile Softwareentwicklung geprägt wird.

Der häufig ganzheitliche Ansatz spiegelt sich in zahlreichen Methoden wider, von denen Scrum[2] und eXtreme Programming[3] wohl die bekanntesten sind. Ein Zwischenruf: Eine Unterscheidung von Vorgehensmodellen und Methoden wird an dieser Stelle nicht vorgenommen. Auch eine Unterscheidung von Methoden, Praktiken, Strategien etc. sehen wir an dieser Stelle und vor dem Hintergrund der Zielsetzung dieses Buchs als eher akademisch an.

Scrum ist ein abstraktes Managementrahmenwerk zur agilen Durchführung von Projekten. Scrum ist ein Korsett. Es ist eng gehalten, was den Rahmen und die Regeln selbst angeht. Es ist aber offen bezüglich der Zieldomäne, in der die Projekte umgesetzt werden. Im Grunde können Sie mithilfe von Scrum jedwede Art von Entwicklungsprojekten durchführen – von der Entwicklung eines Fahrzeugs bis hin zum Formen einer Fußballmannschaft. Und obgleich (oder vielleicht gerade weil) Scrum in seiner reinen Lehre recht dogmatisch ist, haben viele Unternehmen mit der Anwendung sehr gute Erfolge erzielt.

Obwohl auch eXtreme Programming (XP) allgemeingültige Vorgehenstipps beinhaltet, werden dort zahlreiche konkrete Praktiken ergänzt, die für die *technische* Umsetzung konkrete Tipps geben. Praktiken sind beispielsweise kollektives Eigentum von Artefakten (Code, Wissen etc.), kontinuierliche Integration oder Pair Programming. Es müssen nicht alle XP-Praktiken angewendet werden, um die Wahrscheinlichkeit des Projekterfolgs zu erhöhen, auch wenn das in der Anfangszeit häufig proklamiert wurde.

Scrum und XP lassen sich auch in Konjunktion nutzen, da sie auf unterschiedliche Ebenen abzielen bzw. an unterschiedlichen Ebenen ansetzen. Doch was ist der Nutzen von Scrum oder XP oder der Agilität grundsätzlich? Was ist ihre Essenz? Was bringen sie der Softwareentwicklung, die, wenn man ihren Gegnern glaubt, auch ohne die Agilität bestens funktionierte und weiterhin funktionieren wird und vielleicht nur in einigen wenigen Fällen Platz für „agiles Vorgehen" bietet?

---

[2] Siehe http://de.wikipedia.org/wiki/Scrum

[3] Siehe http://de.wikipedia.org/wiki/Extreme_Programming (maßgeblich geschrieben von M. Hüttermann)

Wesentliche Nutzenfaktoren zur Anwendung von Agilität aus Sicht der Kunden, der Programmierer, des Projekts und der Betriebswirtschaft sind[4]:

- Aus Kundensicht bieten kurze Entwicklungszyklen jederzeit die Möglichkeit, steuernd in das Projekt einzugreifen. Dies bedeutet einerseits, dass der Kunde bereits mit Zwischenversionen arbeiten bzw. frühzeitig ein funktionstüchtiges Produkt einsetzen kann, andererseits können Anforderungen umsetzungsnah neu priorisiert und konkretisiert werden.

- Der Programmierer profitiert von einem intensiveren Wissensaustausch und stetiger Kommunikation, die ihn von Druck befreit. Durch eine aufgeweichte Rollentrennung ergeben sich für ihn vielfältige, flexible Einsatzmöglichkeiten und Betätigungsfelder.

- Aus Projektsicht werden Risiken minimiert. Die agilen Vorgehen sind inhärentes, also gelebtes, implizites Risikomanagement So werden z. B. negative Konsequenzen aus Abwesenheitszeiten Einzelner reduziert, durch erhöhte Motivation Fluktuation minimiert oder die potenzielle Gefahr von Entwicklungen an den Kundenwünschen vorbei deutlich verkleinert.

- Aus betriebswirtschaftlicher Sicht gewinnt ein agiles Vorgehen zum Beispiel vor dem Hintergrund des kooperativen, permanenten Lernens, der Personalentwicklung, des Informationsmanagements und dem Grad der Zufriedenheit der Kunden eine besondere Bedeutung.

Neben umfassenden Ansätzen wie Scrum oder XP, mit denen sich ganze Bücher befassen, existieren einzelne agile Strategien, die auch losgelöst vom Vorgehensmodell, also auch in reichhaltigen Modellen[5], eingesetzt werden. Ein prominentes Beispiel ist die „Kontinuierliche Integration", also die stetige Zusammenbringung von Software, um diese kontinuierlich und in hoher Qualität bereitzustellen.

Ein weiterer wichtiger Eckpfeiler der agilen Softwareentwicklung sind die Werte. Auch hier erfindet der „agile Ansatz" nicht alles gänzlich neu, sondern es werden stattdessen wichtige Punkte betont, teils sogar plakativ formuliert. Bei den Werten wird das Miteinander im Team betont, ohne das es kein erfolgreiches Projekt geben kann.

Schon lang vor Prägung des Begriffs „agile Softwareentwicklung" gab es iterative und inkrementelle Ansätze, und auch vorher schon wurden menschliche Aspekte in der Softwareentwicklung intensiv diskutiert, siehe z. B. die Werke von Gerald M. Weinberg und Tom DeMarco. So bietet der Begriff „agile Softwareentwicklung" also eher einen Sammelcontainer über all diese Ansätze.

---

[4] http://de.wikipedia.org/wiki/Extreme_Programming#Nutzen
[5] Reichhaltige Modelle sind beispielsweise RUP, Wasserfall, Spiralmodell.

Ein Mantel: Rumburak[6] würde sich freuen.

Die Bereitstellung eines Sammelcontainers oder eines Mantels der Agilität ist mit Vor- und Nachteilen verbunden. Ein Vorteil ist, dass die unterschiedlichen Bestrebungen und Ansätze ganz sicher einen Oberbegriff verdient haben. Ein Nachteil ist allerdings, dass der „agile Markt" mittlerweile so fragmentiert ist und dass zumindest der Begriff „Agilität" so inflationär genutzt wird, dass mittlerweile jeder „agil" arbeitet oder zumindest Agilität verkauft.

### Aus dem wahren Leben

„Wir waren schon vor 30 Jahren agil", sagte mal ein vermeintlich gut informierter Entwicklungsleiter. Damit war gemeint, dass sie auch damals schon nicht dokumentierte, endlose Kopfabhängigkeiten hatten, keinerlei automatisierte Tests, kein nennenswertes Design außer „mal schnell eine Datenbanktabelle auf dem Papier zusammenschreiben", keinerlei Wissen über die Schnittstellen, da man von der Hand in den Mund gelebt hat. Agil. Suizidal. Klingt ähnlich, oder?

Einerseits ist das ein Zeichen, dass Agilität zum Mainstream geworden ist und in vielen Projekten und Unternehmen jedweder Couleur im Einsatz ist. Zweifellos wird der Begriff aber verwässert, wenn es plötzlich – im übertragenen Sinne – Sachen gibt wie agile Milch und agilen Pflaumenkuchen. Denn durch einfaches Hinzufügen von „agil" ist noch nichts gewonnen. Aber man versucht, sich dadurch häufig von der Gruppe der vermeintlich „Unagilen" abzuheben, die wiederum gerne mit einem „Das ist doch alles alter Wein in neuen Schläuchen" kontern. Oder man will einfach dazugehören und auch so etwas im Portfolio haben.

Und nun zur Entstehungsgeschichte bzw. zur Geschichte der offiziellen Aufzeichnungen. (Das klingt fast so, als würden wir jetzt einen Sprung in die Antike wagen. Keine Angst, so weit gehen wir nicht zurück.)

Wann begann überhaupt die offizielle Aggregation der Bestrebungen unter dem gemeinsamen Deckmantel? Die Aggregation wurde insbesondere im Jahr 2001 beschleunigt. In diesem Jahr trafen sich 17 in unterschiedlichen Rollen in agilen Projekten aktive Persönlichkeiten. Sie erstellten und unterschrieben das Agile Manifest[7], bestehend aus vier Wertepaaren und zwölf technologie- und metho-

---

[6] Rumburak ist ein fiktiver Zauberer aus der tschechischen Fernsehproduktion „Die Märchenbraut" (1979-1981). In der Serie spielt ein Zaubermantel eine Rolle, mit dessen Hilfe sich der Tragende unsichtbar machen kann.

[7] http://www.agilemanifesto.org

denunabhängigen Prinzipien[8]. Es waren Kent Beck, Mike Beedle, Arie van Bennekum, Alistair Cockburn, Ward Cunningham, Martin Fowler, James Grenning, Jim Highsmith, Andrew Hunt, Ron Jeffries, Jon Kern, Brian Marick, Robert C. Martin, Steve Mellor, Ken Schwaber, Jeff Sutherland und Dave Thomas.

Das Agile Manifest ist also der kleinste gemeinsame Nenner aller Bestrebungen im Kontext der Agilität. Bevor wir in den weiteren Kapiteln tief in die Welt der die Werte detailliert ausführenden Prinzipien eintauchen, erläutern wir in diesem Kapitel die Wertepaare des Manifests.

Was sollte man über die Wertepaare wissen? Zunächst einmal ist es von Interesse, dass die Wertepaare die Grundlage für die auf den Wertepaaren aufbauenden Prinzipien sind. Doch warum ist immer von Wertepaaren die Rede? Warum Werte und warum Paare?

## Berühmte Filmszenen

Mel Brooks hat in seinem berühmten Film „Die verrückte Geschichte der Welt" eine wunderbare Szene, in der Moses von Gott 15 Gebote erhält, geschrieben auf 3 Tafeln. Diese schleppt er zu den Menschen und verkündet, er hätte da 15 Gebote erhalten. Weil ihm aber eine Tafel hinunterfällt und kaputt geht, fehlen ihm plötzlich 5 Gebote. Also verkündet er schließlich die 10 Gebote. Und so wurden es laut Mel Brooks nur 10. Was auch immer die restlichen 5 waren, die verbliebenen waren auch wichtig.

**Der Erstgenannte ist noch wichtiger.**

Jedes Wertepaar trifft eine Aussage über ein zu befolgendes Wertesystem. Dabei werden jeweils zwei Werte gegenübergestellt. Auf der rechten Seite stehen dabei Werte, die wichtig sind und befolgt werden müssen, um das Projekt erfolgreich zu verfolgen. Auf der linken Seite stehen Werte, die noch wichtiger sind als das jeweilige Pendant und im Zweifel verstärkte Aufmerksamkeit und Bedeutung genießen sollen.

Was Sie an dieser Stelle bereits erkennen können, ist eine Zuspitzung. Diese Gegenüberstellung pointiert und provoziert ein klein wenig.

Die agile Softwareentwicklung sieht sich keinesfalls als Ersatz für existierende Praktiken, sondern als praktikable Ergänzung, um Projekte erfolgreicher und schneller abwickeln zu können, und dies bei höherer Kundenzufriedenheit. Nicht mehr und nicht weniger! Keine Glaubenskriege, denn der Rest muss sich aus der Anwendung der Prinzipien selbst ergeben. Und das tut er. Und die Prinzipien sind dabei konkrete Ratschläge und Strategien.

---

[8] http://agilemanifesto.org/principles.html

## 2.2 Wertepaar 1: Individuen und Interaktionen sind wichtiger als Prozesse und Werkzeuge

Insbesondere das erste Wertepaar wird häufig falsch verstanden. Nicht selten behaupten Leute, im Agilen Manifest stehe, Werkzeuge spielen in agilen Projekten keine Rolle. Das ist nicht der Fall.

Prozesse und Werkzeuge sind von großer Bedeutung für Projekte. Ohne Prozesse gibt es ein wildes Ad-hoc-Tagesgeschäft-Vorgehen, ohne Werkzeuge ein ineffizientes Zusammenhauen mit Steinzeit-Equipment. Dennoch, wie es das Wertepaar ausdrückt: Interaktionen und Kommunikation sind noch viel wichtiger. Denn ohne Austausch und Kommunikation helfen die besten Prozesse und Werkzeuge nichts. Denken Sie bei Werkzeugen immer an die Unterscheidung zwischen Effektivität (das richtige Werkzeug nutzen) und Effizienz (das Werkzeug richtig nutzen)[9].

Ein weiser Spruch besagt: „A fool with a tool is still a fool" (eine etwas generalisierte Form davon lautet: „Wenn dein einziges Werkzeug der Hammer ist, so ist alles um dich herum ein Nagel"). Kluge Menschen verlassen sich auf Interaktion, denn Menschen machen Projekte, nicht Maschinen und Werkzeuge. Ohne Menschen sind diese Werkzeuge nur noch nutzlose Blechtrottel.

## 2.3 Wertepaar 2: Lauffähige Programme sind wichtiger als ausführliche Dokumentation

Das zweite Wertepaar bestätigt, dass eine Dokumentation der Software wichtig ist, allerdings nicht so wichtig wie lauffähige Programme. Da wir auch dieses Wertepaar ausführlich anhand der Prinzipien erläutern werden, an dieser Stelle nur ganz kurz: Der Kunde ordert gewöhnlich nicht (nur) die Dokumentation. Auch kann er die Dokumentation nicht starten, ausführen und die gewünschte Funktionalität bedienen. Mit anderen Worten: Es ist die Software, die bestellt und genutzt wird. Insofern ist es auch die Software, die lauffähig sein soll. Andererseits ist mehr als fahrlässig, ein Projekt ganz ohne Dokumentation zu durchlaufen.

In diesem Zusammenhang ist es wichtig zu wissen, dass agile Projekte häufig unterschiedliche Arten von Dokumentation vorsehen, die von klassischen Word-Dokumenten abweichen können. So werden zum Beispiel Tests oder ausführbare Spezifikationen als Dokumentation angesehen. Häufig wird auch der Quellcode als das führende Medium betrachtet, das den Stand der Software dokumen-

---

[9] Siehe „Agile Java-Entwicklung in der Praxis", M. Hüttermann, O'Reilly, 2007

tiert. Aber Vorsicht: Das ist natürlich keine Ausrede dafür, gar keine klassische Dokumentation zu schreiben, beispielsweise in Word. Allerdings wird sie nur dort geschrieben und eingesetzt, wo sie tatsächlich Nutzen bringt.

## 2.4 Wertepaar 3: Die stetige Zusammenarbeit mit dem Kunden ist wichtiger als Vertragsverhandlungen

Selbstverständlich ist ein Vertragswerk wichtig. Doch wenn Sie sich im Laufe oder am Ende des Projekts nur noch auf den Vertrag beziehen, dann merken Sie schnell, es macht keinen Spaß mehr und es gehen viele Synergien verloren. Stattdessen ist es noch wichtiger, mit dem Kunden in enger Kooperation zu arbeiten. Es kann dabei von Interesse sein, ein Vertragswerk bewusst so aufzusetzen, dass spätere Reibungen minimiert werden.

Vertrag hin oder her – was zählt, ist das Resultat: eine gebrauchsfähige Software. Es ist unbestritten, dass Budgetprojekte und agiles Vorgehen sich besser kombinieren lassen, da in diesem Fall die Aufwände iterativ erkannt, fein geschätzt und beauftragt werden können. Allerdings schließt agile Softwareentwicklung auch Festpreisprojekte nicht aus, obgleich sie sich aufgrund des erhöhten Risikos für den Dienstleister und Nachteilen für den Auftraggeber (starrer Plan) eher schlechter dafür eignen – man muss tief in die Glaskugel blicken und sich auf etwas festlegen, ohne im Vorfeld tief analysiert zu haben.

Es gibt jedoch keinen direkten, natürlichen und wissenschaftlich begründeten Zusammenhang zwischen dem agilen Vorgehen und der Art der Beauftragung. Budgetprojekte sind attraktiv, weil sie Zielaufwände regulieren und deckeln. Festpreisprojekte sind attraktiv, weil sie dem Kunden Sicherheit und Planbarkeit liefern.

Neben der häufig üblichen Konstellation, spätere Änderungswünsche als „Changes" zu verwalten, kann es empfehlenswert sein, in den Verträgen eine Kombination aus Festpreis und Budget/Aufwand zu vereinbaren, d.h. der Festpreis beinhaltet einen Anforderungsumfang plus ein Kontingent aus einer definierten Menge an Tagen für Änderungswünsche. Im Grunde ist das eine transparente Vorverlagerung von Folgeaufwänden, die ggf. später nach Abschluss des Fixpreisprojekts potenziell entstehen würden.

Man sollte aus Verträgen keinen Kult machen – auf beiden Seiten des Tisches. Das besagt dieses Wertepaar. Die Zusammenarbeit geht vor. Ein Vertrag regelt die Zusammenarbeit für den Fall, wenn es ernst wird, wenn es Probleme gibt. Wenn aber die Zusammenarbeit funktioniert, wird niemand in den Vertrag schauen, und er verstaubt in der Tischschublade des Managers. So soll es auch sein. So ist es auch der Fall bei guten „agilen" Projekten. Und bei internen Projekten gibt es nicht selten weder Verträge noch strikte Kostenabrechnungen.

## 2.5 Wertepaar 4: Der Mut und die Offenheit für Änderungen sind wichtiger als das Befolgen eines Plans

Pläne sind wichtig. Einen Plan zu haben sowieso. Ein Projekt ganz ohne Plan zu verfolgen, sei es nun ein Projektplan oder eine andere Form der Sammlung von umzusetzenden Anforderungen oder Funktionalität wie ein Produkt-Backlog, ist mehr als fahrlässig. Wie wollen Sie ohne Plan erkennen, wo Sie im Projekt stehen, was es für Abhängigkeiten und Risiken gibt, wann das Projekt vom Plan abweicht und Sie eingreifen müssen?

Der Plan soll aber nicht in Stein gemeißelt sein. Viel wichtiger ist es, flexibel und offen für Änderungen zu bleiben. Was bringt ein Plan, wenn er, einmal aufgestellt, nach Erreichung des Zieltermins nicht mehr mit den Wünschen und Anforderungen des Kunden korreliert? Nicht sonderlich viel.

## 2.6 Von „agil" und „Agil"

Schließlich noch ein Hinweis zur Schreibweise von „agil". Zur Abgrenzung vom schlichten Adjektiv „agil" schreiben viele Agil mit großem A, wenn sich das „agile" auf die Softwareentwicklung bezieht und Teil des feststehenden Ausdrucks „agile Softwareentwicklung" ist. Im Grunde ist der Begriff „agile Softwareentwicklung" nämlich suboptimal oder zumindest stark verkürzt. Die Softwareentwicklung selbst ist nämlich nicht „agil", sondern sie ist ausgerichtet an agilen Werten und Prinzipien. Wir reden hier also nicht vom „agilen Leichtathlet", sondern vom „Leichtathlet, der nach agilen Werten und Prinzipien" läuft.

Wir gehen hier auch nicht weiter auf den eher akademischen Umstand ein, dass im Grunde ja jeder „agil" arbeiten will – im Sinne des Wortes „agil". Oder möchten Sie von sich behaupten, Sie arbeiten „unagil", träge, lahm und unflexibel? Wir konzentrieren uns auf die als solche bekannte agile Softwareentwicklung im Allgemeinen und auf das Agile Manifest und dessen zwölf Prinzipien im Besonderen.

*„Denn nur vom Nutzen wird die Welt regiert.“*

*Friedrich von Schiller*

# 3 Nützliche Software

Quelle: ©iStockphoto.com/nullplus

"Our highest priority is to satisfy the customer through early and continuous delivery of valuable software."

„Unsere oberste Priorität ist es, den Kunden durch die frühe und kontinuierliche Auslieferung nützlicher Software zufriedenzustellen."

**Anekdoten**

1. Zeitungsannonce: „Verkaufe genetischen Code zu günstigen Konditionen. Lieferung und Installation kostenlos. 15 % Wiederholungsrabatt."

2. Wenn Ihnen Ratschläge nichts nutzen, dann sind Sie wohl schlecht im Ratschläge geben.

Dieses Prinzip besagt, dass das Team alles daran setzen muss, so früh und so oft wie möglich nützliche Software auszuliefern, denn dadurch steigt und hält sich die Kundenzufriedenheit, und diese ist schließlich entscheidend für den Erfolg der Mission.

Liefern Sie funktionierende Software so früh wie möglich und so oft wie möglich aus. Funktionierende Software ist in diesem Kontext die Software, die für den Kunden einen Mehrwert bringt, also die, die im Vergleich zum vorherigen Stand eine Verbesserung darstellt. Sehen Sie diese Aufgabe als Ihre oberste Priorität an, denn daran werden Sie und Ihr Team gemessen.

Erhöhen Sie mit jeder Auslieferung Nutzen und Wert der Software für den Kunden. Präferieren Sie Inkremente gegenüber mehrwertlosen Iterationen (der Unterschied wird noch ausführlicher in Kapitel 5 diskutiert). Bauen Sie nicht auf Halde oder auf Verdacht, lassen Sie keine Überdimensionierung zu. Verwerfen Sie rigoros alles, was nicht hier und jetzt erforderlich ist oder zumindest als Vorbereitung für die nächsten Schritte dient bzw. zur Basisarchitektur der Lösung gehört.

## 3.1 Die Bedeutung

Als nach langem Hin und Her in München im Sommer 2003 mit dem Bau des Richard-Strauss-Tunnels begonnen wurde, brach im Münchner Osten innerhalb recht kurzer Zeit der Verkehr zusammen, und dieser Zustand blieb so mehr oder weniger während der gesamten Bauzeit. Der Bau an sich wurde in drei Bauabschnitte aufgeteilt – wie es immer ist, um zum einen die Baugeschwindigkeit zu erhöhen, und zum anderen das Kostenvolumen unter Kontrolle zu halten.

Wer in größeren Städten wohnt und regelmäßig eine solche Großbaustelle passieren muss, kennt vergleichbare Situationen. Die Bauarbeiten am Richard-Strauss-Tunnel dauerten sechs Jahre. Der Bau lief für den eigentlichen Endkunden, also den Autofahrer, in sichtbaren, absolut deutlich wahrnehmbaren Schritten ab. In regelmäßigen Zeitabständen wurden offensichtlich Tunnelstrecken fertig, was dazu führte, dass an der Oberfläche die Straßenführung sich mal wieder änderte, verengte etc. Und wir reden hier von einer der engsten Stellen Münchens. Da fahren nicht weniger Autos, nur weil gebaut wird.

Während der Bauzeit wurde offensichtlich irgendwie iteriert, fertiggestellt, aber für die Endnutzer – die Fahrer – stellte sich die Verkehrssituation viel chaotischer dar als bisher, abhängig vom aktuellen Stand der Dinge vielleicht sogar mit jeder neuen Iteration noch schlimmer als zuvor. Und wenn der Winter mal kalt war (und einige waren wirklich kalt), wurde an der Oberfläche tageweise nicht gebaut, und alles blieb im desolaten Zustand. Dasselbe auch bei Regen. Und der Endnutzer war natürlich unzufrieden.

Was hat das Ganze mit der Softwareentwicklung zu tun? Nun, es ist ein Riesenprojekt gewesen. Es wurde gebaut. Es wurde iteriert. Es wurde parallel gearbeitet, also gibt es diverse Ähnlichkeiten. Aber es gab weder für den Endnutzer noch für den Kunden, also die Stadt München an sich, trotz der Iterationen keinerlei Mehrwert – es war nicht so, dass mit jedem neuen Monat ein neues tolles Straßenstück zur Verfügung stand. Es wurde lediglich ein neuer Tunnelabschnitt fertig, an der Oberfläche waren die Straßen aber immer noch im geordneten, notgedrungenen Bauchaos. Und 2009 ging der Tunnel mit einem Big Bang in Betrieb. Und dann? Dann hat sich herausgestellt, dass der Tunnel viel mehr Autos aufnehmen kann als die angrenzenden Verkehrswege, sodass es wieder zu Stauungen kam. Nicht gut, oder?

### Inkrement = Mehrwert nach jeder Iteration

Das Prinzip des steigenden Mehrwertes ist ganz einfach: Jede Iteration muss einen Mehrwert für den Kunden generieren, dann spricht man (häufig) von einem Inkrement. Mit jeder Abgabe eines Inkrements, also einer getesteten Weiterentwicklung, muss also für den Kunden der Wert der Software steigen. Das klingt einfach, oder? Das ist auch einfach. Es wird aber so oft und übel missverstanden, dass man alleine darüber ganze Bücher schreiben könnte.

Stellen Sie sich vor, Sie bauen eine Brücke über die Isar, und Sie wollen es in Iterationen tun. Sie vereinbaren mit dem Kunden ein iteratives Vorgehen und dass Sie bereits nach zehn Wochen das erste Ergebnis ausliefern. Handschlag, auf geht's. (Verstehen Sie das Beispiel bitte als Groteske, ein Brückenbau in Iterationen ist physikalisch schwer praktizierbar)

Die Baustelle lebt und bebt. Alle arbeiten eifrig, bis die zehn Wochen vergangen sind und Sie dem Auftraggeber Stolz die Resultate präsentieren: die ersten zehn Meter der Brücke stehen. Goldene Schere, rotes Bändchen, Applaus, die ersten Testautos rollen los und … fallen ins Wasser. Was ist denn passiert? Na ja, Sie haben halt eine Iteration ohne Mehrwert durchgeführt und abgeliefert, das ist passiert. Eine Brücke ist nun mal ein Big-Bang-Projekt. Das Beispiel soll aber verdeutlichen, was damit gemeint ist, dass jede Iteration einen Mehrwert generieren soll. Als Kontrast hier ein positives Beispiel, diesmal als Anekdote.

---

### Anekdote

Ein reiches Ehepaar wird interviewt:

Reporter: „Erzählen Sie bitte, wie sind Sie zu Ihren Millionen gekommen?"

Mann: „Nun, wir waren ganz arm. Eines Tages, da gehe ich auf der Straße spazieren und finde einen dreckigen Apfel. Ich habe ihn zu meiner Frau gebracht."

Frau: „Ja, und ich habe ihn dann gewaschen."

Mann: „Genau. Und dann haben wir ihn für einen Cent verkauft."

Reporter: „Verstehe. Und dann?"

Mann: „Und dann haben wir für diesen Cent zwei dreckige Äpfel gekauft. Meine Frau hat sie wieder gewaschen."

Frau: „Oh ja, und mein Mann hat sie dann für zwei Cent verkauft."

Reporter: „Raffiniert! Und so ging es auch immer weiter?"

Mann: „Fast. Kurz danach ist meine reiche Oma gestorben und hat mir 2 Millionen hinterlassen."

---

Hier sehen wir doch nach jeder Iteration einen Mehrwert, oder? Gut, es gab einen kleinen Beschleunigungssprung in der Geschichte, zugegeben. Aber trotzdem dürfte es klar sein, worauf wir hinauswollen: Mit jeder Iteration muss der Wert der Sache steigen.

### Wo passt Agilität und wo passt sie nicht?

An dieser Stelle müssen wir uns unbedingt ansehen, für welche Art von Vorhaben oder Tätigkeit das agile Vorgehen grundsätzlich passt. Denn wo kann man überhaupt einen steigenden Mehrwert erwarten? Nur dort kann man tatsächlich mit der Agilität ansetzen.

> **Im richtigen Kontext kann Agilität überall angewendet werden.**

Grundsätzlich lässt sich sagen, dass das agile Vorgehen zu allem passt, selbst zum Bau einer Brücke. Nur muss man die Brücke selbst im Gesamtkontext sehen. Die Baubranche generell definiert die fertigen Bauten, die einem Bauplan entsprechen, als ihre fertigen Resultate (gewisse Parallelen lassen sich auch zur IT-Branche ziehen, was uns aber an dieser Stelle nicht näher beschäftigen soll).

Die beschriebene Brücke z.B. muss als ein atomares Inkrement betrachtet werden. Das oben beschriebene Vorhaben in München umfasst den Bau von insgesamt mehreren Tunneln über mehrere Jahre, und einer davon ist der Richard-Strauss-Tunnel. Für sich genommen entspannt er nur punktuell die Verkehrslage am Mittleren Ring, dies dafür aber gewaltig, trotz der Kritik und der fest installierten Blitzer, die bereits mehrere Tausend Fahrer den Führerschein gekostet haben.

Trotzdem ist dieser Tunnel ein Inkrement, nicht jedoch dessen einzelne Baulose (wobei die Stadt München darüber sicher diskutieren könnte). Der Tunnel ist für die Stadt ein Riesenmehrwert: Die Kassen sind durch die Bußgelder gut gefüllt, der Verkehr wird gut geleitet und die Straßen oberhalb wurden mit der Zeit begrünt, die Immobilienpreise steigen dort wieder, die Wohnungen, aus denen die Anwohner wegen Lärm und Staub geflüchtet waren, stehen nicht mehr leer. Mehrwert mit jedem Tunnel. Mit jedem Inkrement. Perfektes agiles Vorgehen.

Bezogen auf die IT kann man sagen, dass die Softwareentwicklung immer agil funktionieren sollte – dafür darf es in diesen Tagen an sich keine Ausrede geben. Es muss immer möglich sein, ein Vorhaben in Stücke zu schneiden, sodass jedes davon einen Mehrwert generiert. Nur Unwille kann dem noch im Wege stehen. Oder die historisch gewachsene Unternehmenskultur.

Beim IT-Betrieb dagegen kann und sollte man dagegen nicht in Iterationen arbeiten. Trotzdem ist agiles Vorgehen auch hier nicht ausgeschlossen. Dafür spricht der Erfolg von Kanban in IT-Betriebsteams, eine Methode, die man sich von den Produktionslinien der Automobilhersteller abgeschaut hat. Hier ist es wichtig, die anfallenden Arbeiten nach Priorität über eine Warteschlange der Reihe nach abzuarbeiten und nicht extra zu sprinten. Aber der Mehrwert muss auch hier regelmäßig entstehen. Daher muss man sich davon trennen, ein Inkrement als Resultat einer Iteration anzusehen (es kann ein Resultat sein, muss aber nicht) – der Mehrwert kann und soll nur durch regelmäßig abgelieferte Arbeit entstehen, wie auch immer diese organisiert wird.

> **IT-Betrieb benötigt keine Iterationen und Sprints, arbeitet aber agil.**

## 3.2 Die Fehlinterpretationen

Wie kann man dieses Prinzip fehlinterpretieren? Ganz leicht! Wenn man entweder niemals zwischendurch ausliefert, sondern bis zum Schluss wartet und den Kunden dann mit einem großen Big Bang beglückt – in der Hoffnung, das Produkt mache schon irgendwie das, was der Kunde wollte. Oder aber, wenn man in die einzelnen Inkremente Dinge hineinpackt, die da gar nicht hineingehören und die mit der Zeit wie Obst verfaulen.

Sehen wir uns doch mal an, wie die Extreme im Einzelnen aussehen.

### Der Big Bang

Was ist der Big Bang? Na, der Urknall. Das Ereignis, mit dem angeblich unser Universum und alles drum herum entstand. Es war nichts, und plötzlich aus dem nichts entstand … alles. Ein totales Chaos, welches bis heute genauso chaotisch wie damals existiert. Leicht verändert, aber trotzdem so ziemlich dasselbe. Und jetzt stellen Sie sich vor, Sie liefern Ihre Software so aus … oder nein: Stellen Sie es sich nicht vor, sondern *erinnern* Sie sich daran, denn wenn Sie dieses Buch lesen, so tun oder taten Sie es wohl, oder? Das Bild 3.1. demonstriert den ungefähren Verlauf.

**Bild 3.1:** Die womöglich abenteuerlichste Art der Softwareauslieferung: alles am Ende in einem Stück abgeben. Zunächst macht es ordentlich „Boom!". Und dann sind die Folgen des „Boom" noch lange, lange Zeit zu bestaunen (Quelle: ©iStockphoto.com/DaddyBit).

Sie werfen Ihrem Kunden in einem Stück alles, was Sie die ganze Zeit vor sich hin programmiert haben, wie einen dicken Knochen hin und sagen: „Da, teste es." Wie reagiert er? Nun ja, meistens wird er hassen, was Sie ihm geben. Oder den Mund halten, wenn er gar nicht reden darf.

## Aus dem wahren Leben

Es gibt tatsächlich Firmen, in denen die Kunden über Jahre dazu erzogen wurden, nichts zu wollen. Buchstäblich nichts. Oder so wenig, dass sie das Wenige, was sie wollen, dann auch nicht mehr wollen. Durch völlig überholte, minimalistische Technologien und Entwicklungsansätze, unqualifizierte, antriebslose und demotivierte Entwickler sowie extrem langsame Entwicklungszyklen werden die Kunden absichtlich so klein gehalten, dass sie ihre Wünsche aufgeben. Und wenn die Entwicklungsabteilung dann noch genügend Macht hat, ist der Käse gegessen – es kommt kaum etwas voran.

Überrascht? So etwas gibt es, insbesondere in der guten alten Welt der Mainframe-Terminal-Anwendungen, in der man nicht selten Entwickler zur Fehlerbehebung für mehrere Tausend Euro aus der Karibik im Privatjet einfliegen lassen muss, weil sie die Einzigen sind, die sich mit diesen Anwendungen noch auskennen. Da kostet schon alleine das Nachdenken eines Programmierers Tage, geschweige denn die ersten Tastaturanschläge. Da sind Leute am Werk, die von Skype nichts hören wollen und für die es normal ist, 30 Minuten auf das Ergebnis des manuell auf dem zentralen Entwicklungsserver anzustoßenden Make-Build zu warten, und zwar mit dem *gesamten* Team, weil nur ein Einziger zu einer bestimmten Zeit bauen kann.

Welche Prinzipien werden hier verletzt? So ziemlich alle! Und das wirklich nette dabei ist, dass in solchen Umfeldern oft und gerne von bereits existierender Agilität gesprochen wird, obgleich sich niemand der dortigen Verantwortlichen die Mühe macht, mal ein Buch wie dieses zu lesen – wozu, vor 30 Jahren hat es doch auch keine Bücher gegeben. Ne. Halt, doch, aber die waren auf Lochkarten gestanzt. Oder doch nicht? Egal! Wozu Bücher lesen? Man weiß doch seit 30 Jahren alles besser!

Agilität wird in solchen Fällen meistens wieder mit der Dokumentationslosigkeit, Nestbau, Extremknigge und fast manuellem Minimalismus verwechselt.

Jedenfalls enthält die Big-Bang-Auslieferung eine gehörige Portion Überraschungseffekt. Aus Erfahrung kann man sagen, dass das Letzte, was man kurz vor Fertigstellung braucht, Überraschungen sind. Und genau hier liegt ja der Vorteil der iterativen Mehrwerterzeugung. Man versucht, so früh und schnell wie möglich und so oft wie möglich dem Kunden funktionierende, nützliche Dinge an die Hand zu geben und damit auch das Risiko des Versagens am Ende zu minimieren.

Sehen wir uns mal das Bild 3.2 an. Bei einem klassischen Vorgehen, sprich, mit einer Big-Bang-Auslieferung als Resultat, würde am Ende das dargestellte Ergebnis stehen, mit der entsprechenden Diskrepanz zum Kundenwunsch. Und glauben Sie uns, wie auch immer Sie versuchen, sich vom Gegenteil zu überzeugen: es kommt immer so, solange Sie die agilen Prinzipien nicht befolgen oder befolgen lassen. Denn wenn Sie als Kunde an einen Branchenscharlatan geraten, der Ihnen von einem agilen Vorgehen mit vielen Gegenargumenten und horrenden Risikoaufschlägen abrät, so liegt die Stärke seines präferierten wasserfallartigen Vorgehensmodells vor allem in der Dicke des Vertrages, wegen der Sie als Kunde die mindere Qualität seiner Erzeugnisse akzeptieren *müssen*.

**Bild 3.2:** Das passiert bei einem Big Bang (Quelle: www.projectcartoon.com)

**Faules Obst**

Auf dem Bild 3.3 sehen Sie, was auch schon so manche Software im Spiegelbild gesehen hat: faules Obst. Es lässt sich nicht eindeutig erkennen, welche Frucht noch genießbar ist und bei welcher bereits die Fäule angesetzt hat. Und um es sogar ganz genau zu wissen, müsste man tiefer nachsehen, wo das Obst wahrscheinlich aufgrund der Feuchte so richtig faul ist und bereits übel riecht. Daher sieht auch niemand dort unten nach, sondern es wird immer weiteres Obst auf den Haufen drauf geworfen. Es fault also weiter. Und es wird immer schwieriger, aus dem so entstandenen Haufen ein frisches Früchtchen zu fischen, zumal die Fäule im Nu auf die frischen Früchte überspringt. Und eine weitere Konsequenz daraus ist Geldverlust, weil man mit dem Obst nicht wirklich etwas anstellen kann, ob man es gekauft hat oder zu verkaufen beabsichtigt.

**Bild 3.3:** Sieht so Ihre Software aus? Wie viel tatsächlichen Wert hat sie im Moment für die Kunden? Und wie viel Wert wird die Software morgen für sie haben? (Quelle: ©iStockphoto.com/duglasp)

Ja, natürlich ist es „nur" eine Metapher. Aber leider sieht es auch in der Softwareentwicklung manchmal so ähnlich aus, denn auch das Ausliefern von Inkrementen schützt einen nicht automatisch davor, sinn- bzw. nutzlose Softwareteile zu produzieren, aus welchem Grund auch immer sie produziert wurden. Diese lassen die Software verfaulen – mal schnell mal langsam, aber immer mit demselben Resultat: Für den Kunden entsteht kein Mehrwert, die Software erlebt immer mehr nutzlose Erweiterungen, es entwickeln sich tote Code-Stellen und

-Stränge (auch als Code-Smells, also Gerüche bekannt), und man redet ganz klar von Verschwendung. Diese führt direkt oder indirekt zum Geldverlust und früher oder später dazu, dass der Kunde unzufrieden ist. Ist das Ihrer Meinung nach kein faules Obst? Und ähnelt die Situation nicht etwa ziemlich stark unserer Metapher?

Oder mal eine andere Ausprägung von faulem Obst: Software wird auf Vorratshalde produziert, um von dieser Vorratshalde ggf. später etwas zwecks Gebrauch wegzunehmen. Mit viel Glück werden zu späteren Zeitpunkten tatsächlich einzelne Funktionalitäten von der Vorratshalde aufgenommen und dem Kunden nutzbar zur Verfügung gestellt. Im schlimmsten Fall wird die Vorratshalde aber einfach nur zu einem Müllhaufen, eine Sammlung von nicht ausgelieferter, wertloser Funktionalität, aufbauend auf unnötig investiertem Aufwand. Womit wir wieder beim Bild 3.3 wären.

Was sind denn die Gründe für faules Obst in der Softwareentwicklung? Nun, es gibt diverse, die meistens sind irrational, doch nachvollziehbar. Hier sind nur einige davon:

- Architekturspielereien und Technologietests: Solche Experimente bleiben, wenn nicht ordentlich und separiert durchgeführt, gerne für immer in der Code-Basis hängen.

- Falscher Funktionenschnitt: Hier muss man sich bei den Analysten oder Projektleitern oder denjenigen, die die Anforderungen gesammelt haben, „bedanken", denn sie haben sie scheinbar falsch verstanden.

- Überdimensionierung: Kommt entweder auch vom falschen Anforderungsverständnis oder z.B. vom sogenannten Second-System-Effect. Dabei handelt es sich laut Fred Brooks um die Tendenz, den Nachfolger eines kleinen, eleganten Systems allzu elefantös und überladen zu bauen, um alles zu inkludieren, was es nicht in die erste Version geschafft hat. Egal, was der Grund für die Überdimensionierung ist – es befinden sich allzu große Funktionen in der Software, zu große Flexibilitäten, elefantöse Konzepte, man hat also mit Kanonen auf kleine Moleküle geschossen.

- Mangelndes fachliches Verständnis der Entwickler: Dies ist eine der häufigsten Ursachen für die Implementierung falscher Funktionen, also der Funktionen, die ad hoc keinen Mehrwert bringen

- Entscheidung durch die Softwareentwicklung: Wenn nicht der Kunde, sondern die Entwickler entscheiden, was sie wann machen, ist es übel. Und das gibt es. Auch wieder der Fall der Softwareentwicklungswelt aus den 70ern, in der der Kunde auf Knien um Features bettelt.

- Fehlende Priorisierung: Es gibt tatsächlich Firmen, denen es egal ist, in welcher Reihenfolge die Funktionen entwickelt werden. Ja, Sie lesen es richtig

- Arbeitsplatzerhaltung durch Selbstbeschäftigung: eine Grauzone, zugegeben. Aber nicht selten passiert es, dass irgendwelche Releases einer nicht so wirklich notwendigen Software mit einem unmotivierten Team vor sich hin plätschernd produziert werden, in die irgendetwas hineingepackt wird, was niemand braucht oder was halt so da lag, nur damit man beschäftigt bleibt. Auch dafür mag es wieder Tausende Gründe geben, trotzdem entsteht dabei unbrauchbarer Müll

Es gibt mit Sicherheit weitere Gründe, die wir nicht alle aufzählen können. Viel interessanter ist die Frage: Wie verhindert man die Entstehung von faulem Obst? Die Antwort liegt bereits in der Frage selbst bzw. in den aufgeführten Gründen: Es gibt keinen Grund, Unnötiges in die Software aufzunehmen. Nur das, was der Kunde braucht und was ihm nutzt, darf in die Software. Der Rest muss weg. Einfach, nicht wahr? Genau.

> Nur das, was der Kunde braucht, darf in die Software. Der Rest muss weg.

Die Regel, um dieses Prinzip richtig zu befolgen lautet: Es entsteht ein „In-", kein „Ex"-krement. Stellen Sie also Ihre Softwareentwicklung so auf, dass Sie regelmäßig die richtigen „-kremente" abliefern, die den entsprechenden Mehrwert bringen, und beurteilen Sie unbedingt auch regelmäßig, mit welchem Präfix Sie abgeliefert haben. Seien Sie objektiv, realistisch und selbstkritisch, denn die falschen „-kremente" rächen sich erfahrungsgemäß sehr schnell und hart.

*„Nur wer sein Ziel kennt, findet den Weg.“*

*Laotse, chinesischer Philosoph,*
*Begründer des Taoismus*

# 4  Wechselnde Anforderungen

Quelle: ©iStockphoto.com/SklepSpozywczy

"Welcome changing requirements, even late in development.
Agile processes harness change for the customer's competitive advantage."

„Sei sogar spät während der Entwicklung offen für sich ändernde Anforderungen.
Agile Prozesse machen sich Anforderungsänderungen zunutze, um den Wett-
bewerbsvorteil des Kunden zu erhöhen."

## Anekdote

Eine hochschwangere Frau sagt zu ihrem Mann: „Du, ich will da was, aber ich bin mir noch nicht ganz sicher, was das ist."

Der Mann: „Was ist es Schatz? Du weißt, ich erfülle dir jeden Wunsch."

Frau: „Ich glaube, ich hätte gerne ein bisschen Hundekot."

Mann: „Was???"

Frau: „Ja genau! Hundekot!"

Mann: „Geht es dir nicht gut?"

Frau: „Ich will, ich will, ich will!" Bricht in Tränen aus.

Mann: „Na gut, sollst du haben." Geht und kehrt mit einer stinkenden Papiertüte nach Hause zurück.

Frau: „Hast du es?"

Mann: „Jaaa!"

Frau: „Zeig mal". Sieht in die Tüte und verzieht das Gesicht. „Pfui, das stinkt ja!"

Mann: „Was hast du denn erwartet? Ist doch Hundekot."

Frau: „Schmier es aufs Brot."

Mann „Was???"

Frau: „Tu es!" Bricht in Tränen aus.

Mann: „Ist ja gut!" Schmiert die stinkende Masse auf das Brot und hält es weit von seinem Gesicht weg in Richtung seiner Frau: „Da!"

Frau: „Probier's mal."

Mann: „Was??? Niemals! Du bist übergeschnappt, weit jenseits dessen, was sich eine schwangere Frau erlauben kann."

Die Frau wird extrem hysterisch und fängt an zu seufzen und sich vor Schmerzen an den Bauch zu fassen. Der Mann ist extrem erschreckt und sagt schließlich: „Gut, ich tu es!" und tut es tatsächlich, wobei er das Erbrechen kaum zurückhalten kann.

Frau skeptisch und nun völlig schmerzfrei: „Und? Wie schmeckt's?"

Mann um Atem ringend: „Wie Hundekot eben!"

Frau nach einer kurzen Denkpause: „Nah, will ich doch nicht."

In diesem Prinzip wird der Umgang mit Kundenanforderungen thematisiert. Anforderungen sind die Grundlage aller Aktivitäten. Sie motivieren die konkreten Arbeiten. Dies ist in allen Vorgehensmodellen so. Anforderungen müssen definiert und verabschiedet werden. Sie müssen stabil sein, aber nicht stabil bis in die Ewigkeit. Die Welt dreht sich weiter, neue Erkenntnisse werden gewonnen, neue Marktsituationen tun sich auf, auch Anforderungen entwickeln sich weiter.

Zu wohldefinierten Zeiten soll es möglich sein, die verabschiedeten Anforderungen zu ändern, zu konkretisieren oder zugunsten anderer hintanzustellen. Durch Flexibilität beim Umgang mit den Anforderungen bleibt das Projekt manövrierbar, und der größtmögliche Nutzen für den Kunden bleibt auf dem Radar. Denn das ist, was zählt: den konkreten Nutzen für den Kunden zu optimieren, zu jeder Zeit.

Vermeiden Sie es tunlichst, die an Sie herangetragenen Anforderungen als in Stein gemeißelt zu verstehen – sie sind es nicht und veralten schneller, als die Tinte trocknet, mit der sie geschrieben sind. Geben Sie es auf, daran zu

> **Optimiere zu jeder Zeit den Nutzen für den Kunden!**

glauben, dass ein Softwareprojekt hinsichtlich der Anforderungen berechenbar und vorhersehbar ist, denn das führt nur dazu, dass der Aufwand für Änderungen (engl. „Changes") den Initialaufwand um ein Mehrfaches übersteigt.

Versuchen Sie stattdessen, die Unsicherheit hinsichtlich der Anforderungen zu berücksichtigen. Vermeiden Sie unnötig frühe, harte, endgültige Entscheidungen – sei es im Design, im Code oder im Vertrag. Denn die Kunden sind genauso Menschen, und es gibt keinen Grund, sie dafür zu bestrafen, dass sie sich die künftige Lösung nicht auf dem Papier vorstellen können, sondern zunächst etwas benötigen, was sie anfassen und womit sie spielen können, um erst dann sagen zu können, wie sie es wirklich gerne hätten. Zudem erlauben Sie dem Markt, während der Entwicklung der Lösung Einfluss darauf zu nehmen, denn nahezu jede Branche ändert sich heutzutage fortlaufend. Der Markt und die Branche nehmen keine Rücksicht auf Sie und Ihre Kunden.

## 4.1 Die Bedeutung

Eine fundierte Anforderungsspezifikation ist vermutlich eins der drei wichtigsten Dinge in einem IT-Projekt – das zweite ist die dauerhaft sichergestellte Kaffeeversorgung, das dritte bleibt zur eigenen Entlastung an dieser Stelle frei. Die Anforderungsspezifikation ist das grundlegende Fundament eines IT-Projektes. Steht sie auf wackeligen Füßen, so wird alles andere niemals die notwendige Konstanz und Konsistenz erreichen. Nur wenn Sie die Wünsche des Kunden in Form von konkreten, priorisierten, wohlstrukturierten Anforderungen vorliegen haben, verfügen Sie über eine solide Grundlage für die Umsetzung. Dabei ist es zunächst mal unerheblich, wie Sie die Kundenwünsche extrahieren (zum Beispiel per Interview oder Kano-Modell[1]) und wie Sie die Anforderungen beschreiben.

**Anforderungen sollten über bestimmte Eigenschaften verfügen.**

Unabhängig vom Vorgehensmodell sollten Anforderungen ohne Redundanzen, wohlstrukturiert, eindeutig, vollständig, korrekt, widerspruchsfrei, objektiv überprüfbar, realisierbar und verständlich definiert werden.

Anforderungen sind dabei funktional oder nicht-funktional. Funktionale Anforderungen beschreiben die vom System bereitzustellende Funktionalität, nicht-funktionale Anforderungen dagegen Faktoren wie Benutzerfreundlichkeit oder Skalierbarkeit, also wirklich kriegsentscheidende Dinge.

Anforderungen können grafisch (z. B. durch Anwendungsfallmodellierung), tabellarisch und/oder natürlich-sprachlich beschrieben werden. Als Ergebnis einer umfassenden Sammlung von Anforderungen entstehen gewöhnlich ein Fachkonzept und/oder ein Lastenheft. Für die ganz pragmatisch Denkenden reicht aber auch ein fundierter Eintrag in einem Ticketsystem oder letztendlich auch ein buntes Kärtchen an der Wand.

Aus einem Lastenheft kann die Entwicklung ein Pflichtenheft ableiten, aus einem Fachkonzept ein DV-Konzept, aus einem fachlichen Ticket können technische Tasks herunter gebrochen werden, aus bunten Kärtchen können andersfarbige Kärtchen für technische Tasks an die Wand gehängt werden.

**Anforderungsmanagement ist für den Erfolg immens wichtig.**

Eine Anforderung ist auch ein Mittel, um das System, insbesondere während der Umsetzung, selbst besser zu verstehen. Das System wird in kleine Teile zerlegt und beschrieben. Erst die so zugeordneten Verantwortlichkeiten, Akteure, Aktivitäten, Eingangs- und Ausgangsbedingungen beschreiben das System. Die Anforderung ist somit eine gemeinschaftliche Diskussionsgrundlage aller im Projekt vertretener Rollen, wie Kunde, Architekten, Tester und Entwickler. Die Stakeholder können aufbauend auf den Anforderungen ihre Arbeit tun (Beistellleistungen etc.) und ggf. darauf neben den Anforderungsdokumenten weitere Artefakte erstellen (wie z.B. ein Architekt Architekturdokumente erstellt).

Anforderungen werden nicht nur beschrieben, damit man sie beschreibt und damit einfach nur einen Schrank füllt. Das wäre dann die landläufig bekannte „Schrankware". Ja, stimmt, das gibt es auch. Nein, Anforderungen sollen tatsächlich umgesetzt werden. Und was ist dann? Dann muss die Erfüllung der Anforderung validiert, also zu einer Zeit Ist und Soll gegenübergestellt werden. Die Erfüllung funktionaler Anforderungen lässt sich vergleichsweise einfach überprüfen, wenn denn jeweils geeignete Abnahmekriterien pro Anforderung defi-

---

[1] http://de.wikipedia.org/wiki/Kano-Modell

niert sind. Abnahmekriterien gehören zu den Anforderungen dazu und müssen gleichzeitig zu den Anforderungen beschrieben und verabschiedet werden.

## Rekursionsstufe 1: Der Umgang mit Anforderungen hängt von Anforderungen ab

Wie konkret mit Anforderungen umgegangen werden soll, hängt von Anforderungen ab, die an das Anforderungsmanagement gestellt werden. Diese müssen im Grunde zunächst erhoben und bewertet werden, ehe eine konkrete Umsetzung erfolgt. Wie wollen Sie sonst feststellen, welcher Weg für Sie der richtige ist, den Sie für Ihre speziellen Projektbedürfnisse einschlagen wollen? Aus diesen Anforderungen kann sich beispielsweise ergeben, dass ein Ticketsystem als Werkzeug zum Anforderungsmanagement ausreicht.

Abnahmekriterien sind häufig in natürlicher Sprache verfasst und beinhalten die Ausgangssituation des Abnahmetests, das Ereignis, das zum zu validierenden Stand führende Ereignis und ein erwartetes, objektiv messbares Ergebnis. Diese Eigenschaft der „Interpretationslosigkeit" darf nicht unterschätzt werden. Die Validierung von Anforderungen muss nämlich tatsächlich jederzeit objektiv überprüfbar sein, unabhängig von einem Wohlwollen des Kunden, subjektiver Tagesform oder unterschiedlicher individueller Wahrnehmungen. Wie sonst kann der Entwickler messbar überprüfen, ob er die Vorgabe erfüllt hat?

Abnahmekriterien sollten genauso wie die Anforderungen vom Domänenexperten geschrieben werden und ermöglichen nicht nur die Validierung der Umsetzung von Anforderungen, sondern erhöhen auch die Qualität von Anforderungen signifikant. Die Projekt-

> Läuft die Abnahme unstrukturiert und nach Tagesform, so ist niemandem geholfen.

rollen und Verantwortlichkeiten sind nicht überall gleich verteilt. So kann es auch ein Testmanager sein, der die Tests aufbauend auf den Anforderungen erstellt. Wenn man sich einen Testmanager leisten kann. Zur Not tut es auch ein Entwickler, der den jeweiligen Hut aufhat, also die Rolle ausübt.

An dieser Stelle wird ein wachsamer, agil veranlagter Leser bereits aufschreien oder alternativ gegebenenfalls sogar anfangen zu gähnen. Warum denn gleich so bürokratisch, fragen Sie sich? Die Antwort ist: Wie wollen Sie es denn anders machen? Mit dem Wissen um die Anforderungen steht und fällt der Erfolg der Lösung. Und dieses Wissen kann bei komplexeren Systemen niemals ausschließlich in den Köpfen sein. Es muss in irgendeiner Form geschrieben werden, sortiert, kategorisiert. Und priorisiert, damit man weiß, in welchen Schritten was abzuarbeiten ist.

Soviel zu den wichtigen Grundlagen. Es gibt einschlägige Literatur[2], die sich nur mit dem Thema befasst und die der interessierte Leser auf der Suche nach weiteren Details und einer umfassenden Diskussionen konsultieren kann. Nun gehen wir dazu über, wie mit den Anforderungen im agilen Umfeld umgegangen wird, denn im Gegensatz zum „klassischen" bzw. – und das kann man klar und deutlich sagen – utopischen Versuch, alles über das System bereits im Vorfeld herausfinden, sieht es hier häufig etwas anders aus. Denn während man noch die Anforderungen an das System sammelt und sortiert, ändert sich die Marktsituation zwanzig Mal. Dem begegnet die agile Softwareentwicklung gerne mit einer anderen Strategie.

### Anforderungen und agiles Vorgehen

Agile Projekte pointieren den iterativen, inkrementellen Charakter der Softwareerstellung (für eine detaillierte Diskussion zu Inkrementen und Iterationen siehe Kapitel 5). So wird häufig darauf verzichtet, vor Entwicklungsstart eine vollständige Anforderungsspezifikation in großer Granularität zu definieren. Stattdessen wird mit einem Satz Anforderungen gestartet, der von der Granularität her das Zielsystem ausreichend beschreibt. Die im nächsten Schritt umzusetzenden Anforderungen werden entsprechend detailliert beschrieben. Von allen umzusetzenden Anforderungen werden die zur anstehenden Entwicklung ausgesucht, die den höchsten Wert für den Kunden liefern (siehe dazu auch Kapitel 3).

Bevor eine neue Iteration startet, und das kann je nach Vorgehen auch als Release, Sprint oder Meilenstein bezeichnet werden (Leute, die es ganz genau nehmen, liefern sich intensive Debatten, um diese Begriffe zu unterscheiden ... aber häufig bleibt es bei einer eher akademischen Kategorisierung), werden die Anforderungen aus dem großen Pool ausgesucht, die in der nächsten Iteration umgesetzt werden sollen. Diese Anforderungen müssen nun in eine hinreichende Spezifikationstiefe überführt werden. Dies kann einerseits vor den Entwicklungsarbeiten geschehen, andererseits auch während der Entwicklung noch feinjustiert werden. Feinjustieren heißt aber nicht, die Anforderungen währenddessen immer wieder komplett umzuwerfen oder neue Anforderungen umzusetzen. Vielmehr ist der Satz der in einer Iteration umzusetzenden Anforderungen fix. Als Satz kann die Gesamtheit der Komplexität oder die Summe des Aufwands angesehen werden.

**Es existiert ein Spannungsfeld zwischen Iterationslänge und Anforderungsstabilität.**

Im Spannungsfeld zwischen Iterationslänge und Anforderungsstabilität gilt es, das richtige Maß zu finden. Denn wie es das Prinzip ausdrückt, ist der Kunde König, und die Anforderungen (bzw. die Auswahl, welche

---

[2] „Requirements Engineering und Management", C. Rupp, Hanser, 5. Auflage, 2009

nun umgesetzt werden sollen) sind auszurichten an der Marktsituation bzw. den aktuellen Kundenbedürfnissen, also jeweils den aktuellen Prioritäten anzupassen. Einerseits ist Anforderungsstabilität vonnöten: Dies hilft auch bei dynamischen Umgebungen, die Arbeiten stabil zu einem planbaren Ergebnis zu bringen. Weitere Vorteile sind, dass dadurch überhaupt erst Aktivitäten verfolgt und der Durchsatz gemessen werden können. Eine selbstverstärkende Wirkung: Nur was gemessen werden kann, kann auch verbessert werden (engl. „you can't improve what you can't measure").

Am Ende einer Iteration ist die Anforderung mit der korrelierenden Umsetzung final in der hinreichenden Spezifikation vorhanden. Mit der Versionsbereitstellung wird also nicht nur die Software selbst, sondern auch alle zugehörigen Artefakte eingefroren und bereitgestellt, um eine fachlich und technisch konsistente Version bereitstellen zu können. Dieser Ansatz wird häufig vor dem Hintergrund eines „Application Lifecycle Managements"[3] diskutiert: Es ist im Kontext einer Rückverfolgbarkeit von Interesse, reproduzierbar ermitteln zu können, welche Anforderungen genau in welchem Artefakt umgesetzt wurden.

Doch was heißt nun Anforderungsspezifikation? Auf einer grobgranularen Ebene und aus Sicht des fachlichen Release-Managements sind das beispielsweise aussagekräftige Release-Notes. Feingranularer und eher vor dem Hintergrund des technischen Release-Managements hat in letzter Zeit der Begriff der aufgabenbasierten Entwicklung (engl. „task based development") Verbreitung gefunden. Dabei geht es darum, die Ausrichtung der täglichen Arbeiten werkzeugunterstützt zu sichern und die Umsetzung und Bereitstellung der Anforderung auf Artefaktebene zu verfolgen.

## Aus dem wahren Leben

Apropos Ticketsystem: Anforderungen ausschließlich im Ticketsystem zu halten, kann (muss aber nicht) eine suboptimale Idee sein, insbesondere bei größeren Neuprojekten. Eine Firma tat das – mit dem Ergebnis, dass ihr Ticketsystem nur zwei Hierarchieebenen zur Verfügung stellte, wohl aber mehr nötig gewesen wären. Insgesamt brach man die gesamte Menge der in das neue Medium zu übertragenen Anforderungen auf ca. 900 Einzeltickets herunter, die irgendwie im Bezug zu einander standen. Die Suche war aufwendig, die Relationen selten vorhanden, weil nicht gepflegt. Wiederholungen und Fragmentierungen von Anforderungen über mehrere Tickets hinweg beherrschten das Bild, und die technische Expertise über das Ticketsystem war sehr begrenzt. Man hat sich für diesen konkreten Fall

---

[3] „Agile ALM", M. Hüttermann, Manning, 2010

> auf das falsche bzw. falsch konfigurierte Tool verlassen, E-Mails ungefiltert und nicht sonderlich aufbereitet ins Ticketsystem kopiert, und hinterher wusste niemand mehr, was sich an welcher Stelle befand. Als es Monate später Bedarf zum Nachschlagen gab, lautete die Antwort des Entwicklungsleiters: „Schau doch im Ticketsystem nach, da haben wir doch alles schön sauber stehen!"
>
> Es soll an dieser Stelle abschließend erneut betont werden, dass das gewählte Vorgehen (und gewählte Werkzeuge) von Rahmenbedingen und Anforderungen abhängen. Häufig sind Ticketing-Systeme ein sehr gutes Mittel, ein Anforderungsmanagement zu unterstützen.

Nun noch ein Wort zur Darreichungsform. Wie Sie die Anforderungen beschreiben und wo Ihre Anforderungsspezifikation platziert wird, das sind Fragestellungen tertiärer Natur. Hier sind viele Darreichungsformen denkbar, von Anforderungsfällen (engl. „Use Cases") in Fachkonzepten, ausschließlich Freitext in Lastenheften oder Einträgen in Ticketsystemen. Allen Medien sollte gemeinsam sein, dass sie entweder vom Kunden geschrieben werden oder in der Sprache des Kunden verfasst sind. Hier helfen beispielsweise Ansätze wie Behavior-Driven Development[4]. Nur zu häufig sprechen Techniker eine ganz andere Sprache und haben eine ganz andere Sicht auf die Anwendung und die Fachlichkeit. Dies gilt es zu verhindern oder zumindest zu minimieren.

## Wie macht es die Prominenz?

In Scrum existiert ein Produkt-Backlog, in dem alle umzusetzenden Features liegen. Vor jeder Iteration, dem Sprint, wird aus dem Produkt-Backlog das Sprint-Backlog gefüllt. Die Kategorie der Einträge ist dabei nur von untergeordneter Bedeutung, zum Beispiel Change Requests, Bugs, Neues Feature.

Eine Interpretation im agilen Vorgehen ist, das gesamte Programm testbar zu designen und zu programmieren. Hier werden Testfälle, auch Akzeptanztests genannt, ausführbar geschrieben (beispielsweise mit dem Rahmenwerk Fit[5]/Fitnesse[6]). Ein weiterer wichtiger Aspekt ist es, diese Tests in der Domänensprache des Kunden zu verfassen.

---

[4] http://en.wikipedia.org/wiki/Behavior_Driven_Development
[5] http://fit.c2.com
[6] http://fitnesse.org/

Im optimalen Fall werden nicht nur während der kontinuierlichen Weiterentwicklung der Software, sondern insbesondere auch während fortlaufender Refaktorisierungen[7] die Anforderungen und somit auch die Abnahmekriterien fortgeschrieben. Hier ist also die Grenze fließend zwischen eingefrorenen, „abgenickten" Anforderungen und Change-Requests. Viele machen damit gute Erfahrungen, alles, was den Zustand der Software ändert (Bugfixes, Erweiterungen), einheitlich als Change aufzufassen. Dies kann insbesondere vor dem Hintergrund der Disziplinen Change-Management und Software Configuration Management von Interesse sein.

> Anforderungen müssen fortgeschrieben werden.

Fassen wir doch nun die elementaren Aspekte für ein erfolgreiches, agiles Vorgehen im Zusammenhang mit dem Anforderungsmanagement zusammen. Wichtige Aspekte sind:

- Gehen Sie diszipliniert vor, und kommunizieren Sie transparent.
- Überführen Sie Ihre klare Vision in konkrete Anforderungen, die Sie iterativ/inkrementell umsetzen.
- Wählen Sie Strategien, um die nächsten Anforderungen auszusuchen (zum Beispiel das Kano-Modell).
- Prüfen Sie den Einsatz einer vernünftigen Planung, z.B. einer Meilensteinplanung (und deren Kommunikation!).
- Denken Sie daran, dass die Ergebnisse der Iterationen objektiv messbar sein sollten.
- Berücksichtigen Sie, dass Anforderungen Eigenschaften wie „widerspruchsfrei" oder „vollständig" besitzen.
- Der Domainexperte sollte die Anforderungen nicht nur vorgeben, sondern auch selbst schreiben.
- Die als nächstes umzusetzenden Anforderungen sollten Sie feingranularer beschreiben, als Anforderungen, die Sie zu einem späteren Zeitpunkt umsetzen möchten.

Eine agile Herangehensweise ist auch in eher reichhaltigen Vorgehensmodellen keine Seltenheit mehr. So ist beispielsweise die rollierende Planung[8] (engl. „rolling wave planning") nicht unüblich und macht eben genau das. Dabei werden die Inhalte des nächsten Releases sehr konkret bis auf Arbeitspaketgranularität heruntergebrochen, spätere Releases jedoch inhaltlich nur grob abgesteckt.

---

[7] http://www.refactoring.com
[8] http://de.wikipedia.org/wiki/Rollierende_Planung

## 4.2    Die Fehlinterpretationen

Wenn der im vorherigen Abschnitt angesprochene Spagat zwischen Iterationslänge und Anforderungsstabilität nicht gelingt und die Balance zwischen Stabili-
tät und Flexibilität verloren geht, droht höchste Gefahr. Im Endeffekt münden
diese Extreme in Entwicklungen ohne zugrunde liegende Anforderungen (genauer: ohne Anforderungsspezifikation) oder in puristischer Ausrichtung an Anforderungen, ohne Änderungen zuzulassen.

### Requirements-Less Development

Es gibt viele Grautöne beim Vorgehen ohne Anforderungen. Fangen wir bei
Dunkelschwarz an: Es existieren keine Anforderungen. Eine mögliche Konsequenz einer anforderungslosen Entwicklung ist in Bild 4.1 dargestellt. Dann die
Frage: Was machen Sie da eigentlich, und für wen? Eine Nuance heller, aber
immer noch tiefschwarz: Es existieren zwar Anforderungen, diese werden aber
nicht (halbwegs) formal festgehalten.

Bild 4.1: Spring! Anforderungslose Entwicklung ähnelt dem Suizid auf diese Weise. Auf
jede Weise eigentlich. Aber auf diese ganz besonders. (Quelle: ©iStockphoto.com/jgroup)

Unser Beileid, Sie haben verloren. Wie möchten Sie ohne beschriebene Anforderungen Ihre Entwicklungen ausrichten? Gegen was möchten Sie die Entwicklung überprüfen, also ob die Umsetzung mit dem Ziel kongruent ist? Doch wohl bitte nicht frei Schnauze.

> Ohne halbwegs systematische Anforderungserhebung werden Sie im Chaos landen.

Sie benötigen nicht selten schon alleine aus rechtlichen Gründen eine fundierte Grundlage, also eine Beschreibung des Soll-Zustands. Das Problem dabei ist nur, dass ein Softwaresystem ein Großteil seines Lebenszyklus in der Wartung verbringt. Diese Wartung wird selten in Form von Projekten organisiert. Wenn man nicht aufpasst, wird die Wartung schnell zum sogenannten Tagesgeschäft. Und für dieses Tagesgeschäft macht man sich oft nicht die Mühe, Anforderungen in einer halbwegs formalen Art und Weise zu begegnen.

## Aus dem wahren Leben

Es war einmal ein hochmotivierter Abteilungsleiter. Der hatte ganz viele Entwickler unter sich. Alle sprachen direkt mit den Kunden der internen Fachabteilung. Als ein strukturiertes Vorgehen eingeführt werden sollte, blockte der Abteilungsleiter ab. „Nein, nein, das können wir hier so nicht machen. Wir haben hier so ein immens wichtiges Tagesgeschäft. Wir müssen sofort handeln. Für solchen Firlefanz haben wir keine Zeit." Doch trotz des direkten Kontakts zu den Kunden performte die Entwicklungsabteilung recht schlecht. Warum? Kommunikation und Vorgehen verliefen von der Hand in den Mund, ohne jede Planung und Koordination. Es gibt nichts daran auszusetzen, dass Entwickler direkt mit den Fachleuten reden, nur befreit sie das nicht davon, die Anforderungen zu erfassen und vor allem zu priorisieren.

Die aus dem Tagesgeschäft resultierenden Aufwände werden in etlichen Entwicklungsabteilungen schlichtweg nicht kalkuliert, sondern es werden Leute zur Aufrechterhaltung dieses Tagesgeschäfts (zumindest teilweise) abgestellt, die sich mit diesem beachtlichen und kaum ge-

> Das Tagesgeschäft basiert oft nicht auf Anforderungen und ist deshalb häufig ein bodenloses Aufwandsgrab.

filterten Aufwandsgrab beschäftigen. Fernab vom Tagesgeschäft kann aber natürlich auch in der Projektarbeit anforderungslos entwickelt werden. Wenn die Arbeiten, insbesondere in einem kommerziellen Projekt (das sich per Definition über Inhalte, Kosten und Zeit definiert), nicht an konkreten Anforderungen ausgerichtet sind, konterkariert das das essenzielle Ziel eines Projekts, und im allerschlimmsten Fall kann die Arbeit zu einer Spielerei verkommen, getreu dem Motto „Was mach ich denn heute mal?". Ein befreundeter Projektleiter verglich eine konkrete Situation einmal mit einer „Bastelbude".

**Aus dem wahren Leben**

Das mit den Kärtchen ist so eine Sache. Einmal sollte ein Team von einem Raum in den anderen umziehen. Leider hatte man vergessen, die Kärtchen vom Whiteboard abzunehmen. Der Hausmeister und dessen Gehilfen hatten den Auftrag, das Board abzuschrauben und in den anderen Raum zu schleppen. Zum Wochenende war die Sache erledigt. Bloß haben sie im Eifer des Gefechts einige bis fast alle Kärtchen auf dem Boden verteilt, und die Putzfrau hat sie am Morgen brav eingesammelt und in den Müllsack getan. Und das Team wusste nicht mehr, wo es stand, denn keiner hatte zwischendurch Fotos geschossen. Pech gehabt.

Anforderungen ohne Meilensteine umzusetzen, ist eine weitere suboptimale Ausprägung. Dies führt zu Death March-Projekten, siehe Kasten unten. Mal angenommen, Sie haben einen gewissen Satz an Anforderungen. Wunderbar! Wenn Sie ohne Meilensteine arbeiten (wir grenzen hier bewusst leichtgewichtig ab zwischen traditionellen Projektmanagementbegriffen und artverwandtem, agilem Vorgehen), wie wollen Sie dann den aktuellen Stand der Umsetzung messen? Wie wollen Sie rechtzeitig auf Probleme aufmerksam werden? Vielleicht kennen Sie, wenn Sie Glück haben, genau einen Meilenstein, den finalen Fertigstellungstermin. Ist das nicht ein bisschen wenig? Im agilen Vorgehen ist jedes aus einem Release purzelnde Inkrement ein lauffähiger Meilenstein, der dem Kunden zur Begutachtung (nicht nur auf dem Papier, sondern lauffähig) vorgelegt wird. Daraus zu gewinnende Verständnissynergien, Erfahrungswerte und Lerneffekte sind durch nichts zu ersetzen, schon gar nicht durch auf bunten Folien skizzierte Zielbilder.

**Death Sprint und Death March**

Dem Death Sprint liegt ein überhitzter Projektplan zu Grunde. Nach außen sieht das Projekt zunächst sehr erfolgreich aus: Immer wieder werden neue Versionen mit neuen Eigenschaften abgeschlossen. Allerdings leidet die Qualität des Produktes sowohl nach außen sichtbar wie auch technisch, was allerdings nur der Entwickler erkennt. Die Qualität nimmt mit jeder „erfolgreichen" neuen Iteration ab.

Das Gegenteil von Death Sprint ist der Death March. Das Projekt zieht sich ewig hin. Der Misserfolg ist objektiv sichtbar. Schlimmstenfalls ist das Projekt kein Projekt mehr, sondern nur eine zeitlich nicht abgeschlossene Aneinanderreihung von Aktivitäten. Es fehlen konkrete Zusagen für Termine und Lieferung. Kann auch bewusst in Kauf genommen werden, um von Defiziten in der Organisation und einem unklaren Zielbild abzulenken.

Eng verwoben damit ist die Konstellation, dass Sie keine Abnahme- bzw. Akzeptanzkriterien haben. Das ist bemerkenswerterweise recht häufig der Fall und häufig eine Konsequenz daraus, dass keine Anforderungen definiert bzw. diese nicht ausreichend präzisiert vorliegen. Ein guter Indikator für suboptimales Anforderungsmanagement ist, wenn kein Abnahmekriterium festgelegt werden *kann*. „Abnahme" erfolgt dann in Abhängigkeit von der subjektiven Sicht, der Tagesstimmung und vom Wohlwollen der Beteiligten. Das hat mit koordinierter, objektiv nachvollziehbarer Umsetzung und Abnahme nichts zu tun.

### Puristisch anforderungsgetriebene Entwicklung

Übertreibt Ihr Projekt die Ausrichtung an Anforderungen bis ins Unermessliche, so haben Sie ebenfalls einen ungemütlichen Projektverlauf. Die Anforderungen werden erhoben und definiert, das ist gut. Sie werden allerdings zu früh auf Halde definiert. Haben Sie ein lange laufendes Projekt und spezifizieren Sie ausführlich sämtliche Anforderungen und schließen Korrekturen während der Laufzeit aus, so produzieren Sie „auf Vorrat", da nicht alle Anforderungen direkt und gleichzeitig umgesetzt werden, und Sie verschenken den richtigen Augenblick:

Anforderungen, genauso wie Entscheidungen grundsätzlich, sollten erst zum spätestens möglichen Augenblick gefällt werden. So profitieren Sie von Erkennt-

Bild 4.2: Lieben Sie nicht auch solche Fußabdrücke im frischen Zementboden, insbesondere wenn er bereits über Nacht getrocknet ist? Dann wissen Sie sicher auch die Anforderungen zu schätzen, die sich nachträglich genauso „leicht" ändern lassen.
(Quelle: ©iStockphoto.com/Marbury)

nissen auf dem langen Weg bis zu diesem Zeitpunkt. Mit anderen Worten: Wenn Sie die Entscheidung über sämtliche Anforderungen früh, zu früh fällen, verzichten Sie auf potenzielle, neue Erkenntnisse[9]. „Auf Halde produzieren" wird in Kapitel 3 ebenfalls thematisiert.

Wenn Sie Ihre Anforderungen, wie auf dem Bild 4.2 dargestellt, quasi in Zement gießen, verschenken Sie die Marktflexibilität, die so wichtig ist für die Konkurrenzfähigkeit eines jeden Produktes. Und nachdem die Softwareprojekte in der Regel langläufig sind, ist es unerlässlich, noch während der Entwicklung auf Marktveränderungen zu reagieren. Durch puristisch anforderungsgetriebene Entwicklung geht also nicht selten Marktflexibilität und Manövrierbarkeit verloren.

---

[9] Vgl. „Lean Software Development", Poppendieck und Poppendieck, Addison-Wesley, 2003

*„Ein Spiel dauert 90 Minuten."*

*Sepp Herberger*

# 5 Fortlaufend ausliefern

Quelle: ©iStockphoto.com/jgroup

"Deliver working software frequently, from a couple of weeks to a couple of months, with a preference to the shorter timescale."

„Liefere kontinuierlich lauffähige Software, in Intervallen von Wochen bis Monaten, doch bevorzuge kürzere Intervalle."

> **Anekdote**
>
> Einige Männer unterhalten sich. Einer erzählt: „Über viele Jahre war ich niemals krank. Ich führte ein einfaches, geregeltes Leben. Zwischen meinem zwanzigsten und vierzigsten Lebensjahr ging ich täglich um 9 zu Bett, stand um 6 auf. Von 8 bis 5 habe ich gearbeitet, zwischendurch aß ich zu Mittag, habe dabei einfaches Essen zu mir genommen, dann eine Stunde Sport ... "
>
> Ein anderer Mann unterbricht ihn: "Verzeihung, dass ich unterbreche, aber wofür saßen Sie denn 20 Jahre ein?"

Bei diesem Prinzip geht es um die regelmäßige Auslieferung funktionierender Software. Obwohl sich dieses Prinzip mit anderen Prinzipien überschneidet, birgt es doch auch viele andere, neue Aspekte.

Liefern Sie lauffähige Software regelmäßig, also kontinuierlich. Warten Sie also nicht mit der Lieferung an den Kunden, bis die Software vermeintlich vollständig fertig ist, sondern geben Sie sie ihm, sobald er sie gebrauchen kann, sobald er sie einsetzen kann, sobald er aufbauend auf der Lieferung erstes Feedback geben kann, sobald die ersten Funktionen verfügbar sind oder sobald er damit Geld generieren kann. In der Zwischenzeit arbeiten Sie an der Weiterentwicklung – der Kunde wird es Ihnen danken.

Streben Sie dabei eine so kurze Iterationsdauer wie möglich an. Versuchen Sie, die Dauer einer Iteration auf einige wenige Wochen herunterzudrücken, um so schnell wie möglich die Software an den Mann zu bringen. Je eher Sie ausliefern können, desto schneller bekommen Sie Kundenfeedback und desto schneller können Sie Probleme und die wahren Kundenwünsche erkennen, denn diese sind zu Beginn des Projektes niemals ganz klar, selbst wenn sie auf dem teuersten Papier stehen oder mit Gold in den Stein gemeißelt sind. Liefere regelmäßig. Je öfter, desto besser.

## 5.1 Die Bedeutung

Dreh- und Angelpunkt dieses Prinzips ist die in der agilen Softwareentwicklung praktizierte Unterscheidung von Iterationen und Inkrementen. Obwohl es das beste Ergebnis liefert, sowohl iterativ als auch inkrementell zu arbeiten, ist das keine Pflicht. Inkremente können auch Versionen, „Iteration" (im Sinne des Ergebnistyps) oder Releases genannt werden. Auf eine akademische Diskussion und weiterführende Unterscheidung der einzelnen Begriffe wird an dieser Stelle verzichtet.

Doch was verstehen wir unter Iterationen und Inkrementen? Eine Iteration ist eine Art Miniprojekt, das in einem Inkrement enden kann (aber nicht muss). In diesem Miniprojekt werden gewöhnlich alle Phasen der Softwareentwicklung durchlaufen, insbesondere Anforderungsmanagement, Entwicklung, Test und Auslieferung. Iterationen starten mit einer Idee, die dann im Laufe weiterer Iterationen immer weiter verfeinert wird, um schließlich das gewünschte Resultat zu erlangen. Ein Inkrement ist ein verhältnismäßig kleiner Happen Funktionalität. In Inkrementen arbeiten, also Software Stück für Stück erstellen, ermöglicht es, über die Zeit ein besseres Verständnis darüber zu erzeugen, was an Software erstellt wird. Inkremente liefern (hoffentlich) in sich abgeschlossene Funktionsblöcke.

In Inkrementen zu arbeiten, bringt insbesondere Nutzen, wenn Anforderungen stabiler sind und besser verstanden werden. Iterieren ermöglicht eine bessere Reaktion auf sich ändernde Rahmenbedingungen oder geänderte oder unklare Anforderungen (siehe Kapitel 4).

> Software Stück für Stück (Inkremente) und in Miniprojekten (Iterationen) bereitstellen

In agilen Projekten ist es häufig so, dass jede Iteration ein Inkrement liefert, also einen Satz lieferbarer Funktionen (Features), die auch tatsächlich dem Endbenutzer bereitgestellt werden. Was bedeutet das? Das bedeutet, das Inkrement wird nicht nur „lokal" in der Entwicklungstruppe als solches bereitgestellt oder begutachtet, nein, es wird auch dem Nutzer zur Verfügung gestellt. Auch hier ist es so, dass Agilität das Vorgehen besonders pointiert, das Vorgehen aber nicht gänzlich neu erfunden hat. 1970 hat Winston W. Royce den Begriff der Iterationen und deren Notwendigkeit maßgeblich eingeführt.

Sie haben den Namen schon mal gehört? Richtig, Royce ist die Person, die das „Wasserfallmodell" erfunden hat. Und mit dieser Aussage tun wir ihm direkt unrecht. Zwar hat er ein einem Wasserfall ähnelndes Modell zur Softwareentwicklung definiert, aber gleichzeitig darauf hingewiesen, dass eine starre Abhandlung von Phasen ohne Iterationen nicht funktionieren wird. Sie sehen also, nicht nur die agile Bewegung pointiert, auch die breite Masse der IT tut es, indem sie übertrieben darstellt, Royce hätte ein starres Wasserfallmodell proklamiert.

Noch ein Wort zu den Inkrementen. Hier war es Harlan Mills von der IBM, der 1971 in seiner Ausarbeitung „Debugging Techniques in Large Systems" den Begriff der Inkremente maßgeblich prägte. Doch was ist der Nutzen der jeweiligen Aspekte? Lassen Sie uns die einzelnen Teilbereiche sukzessive auf den konkreten Nutzen hin untersuchen, wobei der Aspekt der Bereitstellung funktionierender Software sehr intensiv in Kapitel 9 diskutiert wird und an dieser Stelle nicht mehr vertieft werden soll

### Bereitstellen, und zwar lauffähig

Bereitstellen (engl. „deliver") von Software ist essenziell. Warum? PowerPoint-Folien oder Spezifikationen können in Schrankware enden und alles Mögliche aussagen. Für die Beurteilung des Ergebnisses ist nur die Software selbst entscheidend. Sie ist das Produkt, das der Kunde kauft. Er kauft keine Blätter, er kauft die Software. Entsprechend kann der Kunde auch nur anhand der Software dessen Stand und dessen Qualität begutachten und sich ein konkretes Bild machen.

> PowerPoint-Folien können Sicherheit und Planbarkeit suggerieren, die es so nicht gibt.

Aber wann ist Software „bereitgestellt"? Sie ist nicht bereitgestellt, wenn sie kompiliert und paketiert ist oder gar über einen Zaun geworfen wird. Sie ist erst bereitgestellt, wenn sie für den Nutzer auch nutzbar ist, also auf eine Testumgebung verteilt wurde, wenn Berechtigungen eingestellt wurden, technische Benutzer zur Verfügung stehen, das Netzwerk steht, die Datenbank angeschlossen ist usw. Sie sehen, es kann viele Gesichter haben, wann die Software wirklich bereitgestellt ist. Im Kern muss der Anwender ganz einfach damit arbeiten können. Daraus ergibt sich auch ein weiterer Vorteil: Alle zur Bereitstellung notwendigen Aktivitäten werden frühzeitig durchlaufen und „geübt", nicht erst als Big Bang am Ende des Projekts. Eine weiterführende Diskussion von „Wann ist Software fertig?" und „Lauffähige Software" finden Sie in Kapitel 9.

### Kontinuierlich

Kontinuierlich liefern bedeutet, die Software regelmäßig bereitzustellen. Das kann mehrere Ausbaustufen beinhalten. Eine sinnvolle Ausbaustufe ist es, die Taktung der im Projektmanagement üblichen Meilensteine so zu erhöhen, dass der Endnutzer iterativ/inkrementell sehr rasch eine Rückkopplung erhalten kann. Eine agile Implementierung davon ist die Kontinuierliche Integration[1] (KI). Es ist nicht konstruiert zu behaupten, Kontinuierliche Integration sei die Vorbedingung, um Software regelmäßig bereitstellen zu können, insbesondere in kurzen Intervallen.

Was hat es mit Kontinuierlicher Integration auf sich? Sie beinhaltet regelmäßige Integration von Quellcode, zumindest einmal am Tag. „Integration" bedeutet hier also nicht die nachgelagerte Integration, die insbesondere auch in dedizierten Integrationstestumgebungen sonst üblich ist (und auch mit KI noch ihre Daseinsberechtigung erhalten kann). Integration bedeutet, dass jedes Stück Quellcode der Versionsverwaltung zugeführt, ausgecheckt, kompiliert, getestet und auf Umgebungen verteilt wird. Jeder Entwickler integriert täglich seinen Code

---

[1] http://martinfowler.com/articles/continuousIntegration.html

mit dem Code der anderen, indem er seinen eigenen Arbeitsplatz mit den Änderungen anderer aktualisiert, erneut kompiliert und testet, und die getestete Software nun ins Versionskontrollsystem schiebt. Ein zentraler Build-Server erstellt die Software fortlaufend.

KI hat einige Vorteile: Je häufiger der Code integriert wird, desto schneller können Unwuchten identifiziert werden. So ist es doch einfacher, eine Ursache für einen Fehler zu finden, wenn zwischenzeitlich drei Änderungen eingeflossen sind, als 100. Die Zusammenführung von Komponenten führt gewöhnlich zu Integrationsfehlern. Je länger man mit der Behebung wartet und die Software tatsächlich schon fehlerhaft bis zum Kunden durchreicht, desto höher der Aufwand, die Bugs zu beheben, und desto größer die Gefahr von schwer zu identifizierenden Folgefehlern. Zusätzlich ist es einfacher, eine Fehlersituation zu untersuchen, wenn sie noch frisch im Kopf der Entwickler ist.

Schließlich ist KI eine selbstverstärkende Maßnahme. Das bedeutet, integrieren Sie selten, so sind auch die Kosten und der damit verbundene „Integrationsschmerz" entsprechend hoch. Ist die Integration allerdings ein inhärenter und impliziter Bestandteil Ihres Softwareentwicklungsprozesses, so werden auch die Integrationsaktivitäten selbst optimiert und zur Routine. Es fällt also zunächst mal verhältnismäßig schwer, mit KI auf der grünen Wiese und einer halbwegs komplexen Software zu beginnen. Dies ist mit Anlaufkosten verbunden, die sich allerdings sehr schnell auszahlen.

KI ist intensiv mit automatischem Testen und automatischer Verteilung (engl. „Deployment") verknüpft. Nur wenn Sie nicht nur die Software automatisch kompilieren und bauen, sondern auch automatisch testen und verteilen, können Sie den Durchsatz adäquat erhöhen.

Kontinuierliche Integration einzuführen und zu betreiben, ist nicht immer einfach. Das hat mit Conway's Law zu tun. Conway's Law besagt: „[..] organizations which design systems [..] are constrained to produce designs which are copies of the communication structures of these organizations."

> Conway mag keine Kontinuierliche Integration.

Was bedeutet das für Kontinuierliche Integration? KI ist eine interdisziplinäre Aktivität, die gewöhnlich verschiedene Projektrollen und Organisationseinheiten einbezieht und verbindet. Nun ist es aber so, dass Organisationseinheiten in Unternehmen häufig „ihre eigenen Probleme" haben, eigene Ziele und Interessen. Diese können einer übergreifenden Integration orthogonal gegenüberstehen. Nehmen Sie beispielsweise eine nachgelagerte Testabteilung. Unter Umständen wird der Abteilungsleiter nicht immer begeistert sein, wenn Sie ihm sagen, 80 % seines Personals könne durch den Aufbau einer KI-Infrastruktur anderen Aufgaben zugewiesen werden, wobei Sie diese Aussage als euphemistisch verstehen dürfen.

**Kurze Intervalle**

Regelmäßige Releases ermöglichen schnelle Rückkopplungen, bessere Messbarkeit und eine aussagekräftige Statusinformation über das aktuelle „Blutbild" Ihrer Software. Erinnern Sie sich? Nur eine gebaute, integrierte und verteilte Software liefert zuverlässige Aussagen darüber, was die Software leistet und was nicht.

| Qualität kostet Geld, zahlt sich aber aus. |

Der Release-Inhalt sollte fix sein, bevor das Release startet. Auch alle Termine sind fix und allseits kommuniziert („Time-Boxing"). Entsprechend sind die Qualität, die Ressourcen (Manpower) und die Zeit die drei Konstanten im Release-Quadrat. Bedauerlicherweise wird nicht selten die Qualität als einzige Variable angesehen. Pfui! In der agilen Softwareentwicklung ist Qualität immer konstant, und zwar konstant hoch. Denken Sie daran: Qualität kostet Geld, zahlt sich aber aus. Nur die Anzahl der bereitgestellten Features ist variabel. Werden am Ende des Releases Funktionen nicht fertig oder schlagen Tests fehl, so werden diese aus dem Release herausgenommen. Das bedeutet nicht zwingend, dass sie automatisch erneut wieder in die Zielmenge des nächstfolgenden Releases eintreten. Stattdessen wird nach dem Release neu priorisiert. Als Ergebnis daraus werden ggf. andere Funktionen als noch wichtiger eingestuft.

Kurze Iterationen und Time-Boxing sind Vehikel eines soliden Risikomanagements. Wo Scrum Hindernisse beispielsweise in einem sogenannten „Impediment Backlog" führt, sind kurze Intervalle inhärentes, implizites Risikomanagement.

Die Länge von Releases kann stark variieren. Gewöhnlich werden zwei bis vier Wochen als Richtlinie ausgegeben. Sie können Ihr Vorgehen auch mathematisch optimieren. So können Sie die Aufwände für die zu implementierenden Features summieren, um den Inhalt des gesamten Product Backlogs zu bestimmen. Auf der anderen Seite können Sie ein Release pilotieren und feststellen, wie viel Aufwand Sie während des Releases umsetzen konnten. Dieser Durchsatz (auf Agile-Neudeutsch auch Velocity genannt) lässt sich hochrechnen, um festzustellen, wie viele Releases Sie zur vollständigen Umsetzung benötigen.

| Nichts ist so alt wie die Zielmenge von gestern! |

Doch Vorsicht: Nichts ist so alt wie die Projektzielmenge von gestern. Ständig wechselnde Rahmenbedingungen und Anforderungen sind schließlich nur für die Laufzeit eines Release wirklich stabil zu halten. Setzen Sie also das Release mit den angestrebten Funktionen um, und „committen" Sie sich weder unnötig auf die Inhalte von Folgereleases noch planen Sie „auf Halde". Entscheidungen über Inhalte von Folge-Releases können Sie bis zum spätest möglichen Moment verschieben, also dem Anfang des jeweiligen Releases.

Kurze Intervalle können wunderbar eingeführt werden. Lassen Sie einfach eine vierwöchige „Iteration 0" laufen, integrieren Sie alles, was Sie haben und stellen es bereit. Seien Sie frustrationstolerant: Im Ernstfall könnte es recht wenig sein, was Sie real bereitstellen.

### Pull statt Push

Kanban wurde in jüngster Zeit immer intensiver auf die Softwareentwicklung adaptiert. Kanban möchte unnötige Aufwände (engl. „waste") eliminieren sowie Flaschenhälse und Wartezeiten gegen Null reduzieren. Die Softwareentwicklung wird zu einer Fließfertigung, wo die Iterationen und Releases eine kleine Länge haben bzw. wo diese Begriffe im Grunde kaum mehr eine Rolle spielen.

Kanban baut auf einem Pull-Prinzip auf. Das bedeutet: Immer wenn eine Ressource freie Kapazitäten hat, holt sie sich neue Arbeit. Auf diesem Wege wird der Gesamtdurchsatz signifikant erhöht und stetig geliefert. Auf der anderen Seite wird die aktuelle Menge der Arbeit begrenzt.

## 5.2 Die Fehlinterpretationen

Auch dieses Prinzip wird mannigfaltig fehlinterpretiert. Im Folgenden möchten wir ein paar der häufigsten Irrtümer aufgreifen, obgleich sie auf den ersten Blick nicht immer negativ klingen, aber teilweise falsch verstanden werden.

### Fertig ist, wenn ...

Aktivitäten, die zu Änderungen auf der Software führen, müssen wohlgeordnet und koordiniert geplant und systematisch angewendet werden. Jede Änderung muss verfolgt (Neudeutsch: „getrackt") werden. „Changes" werden in Releases bereitgestellt. Insofern ist Software in jeweiligen Reifegraden mit Ablauf des Releases fertig (im Sinne von: die Anforderungen und Kundenwünsche sind umgesetzt).

---

**Projektalltag – Eine Auswahl von Aussagen**

Der effiziente Entwicklungsleiter: „Wir müssen unsere Release-Länge vergrößern, damit wir endlich mal Funktionalität wegimplementiert kriegen."

Der rationalisierende Testmanager: „Die Integrationsphase am Ende des letzten Releases war viel zu aufwendig. Wir sollten die Integrationsphase nur noch für jedes zweite Release durchlaufen."

Der behutsame DBA: „Wir brauchen fünf Tage, um die Datenbankänderungen auf die höhere Umgebung einzuspielen."

---

Häufig sagt der Vorgehensmodell-Verleugner vom Typ „Wir waren immer schon agil", es könne nicht in Releases gearbeitet werden, da das Tagesgeschäft so sehr drücke. Man befinde sich quasi im Schützengraben an vorderster Front und setze die brandheißen, aktuellsten Wünsche des Kunden um. Es wird also schon seit jeher direkt und zeitnah geliefert, auf Zuruf quasi. Sehr gerne kommuniziert der Kunde direkt mit den Entwicklern, formlos am Telefon, Anforderungsmanagement findet so gut wie nicht statt. Ist nun wirklich keine Zeit da, die Anforderungen zu konsolidieren und die Entwickler einfach mal ihren Job machen zu lassen, oder ist es nicht eher andersherum: Durch stetiges Überschwemmen mit stundenaktuellen Ideen wird nicht nur der Entwickler unnötig bedrängt, sondern auch die Anwendung viel zu brüchig und wenig nachhaltig weiterentwickelt? Durch Ad-hoc-Maßnahmen wird die Qualität des Produkts reduziert.

---

### Onion-Pattern[2]

Neue Funktionalität wird um (oder über) die alte gelegt. Das ist häufig zu beobachten, wenn ein Entwickler ein Programm erweitern soll, welches er nicht geschrieben hat. Der Entwickler möchte oder kann die bereits existente Lösung nicht komplett verstehen und setzt seine neue Lösung einfach drüber. Dies führt mit einer Vielzahl von Versionen und unterschiedlichen Entwicklern über die Jahre zu einem Zwiebelsystem. Das kann zwar ein Mittel sein, um schnell und verhältnismäßig unfallfrei neue Versionen der Software bereitzustellen, allerdings leiden Qualität und mittelfristige Wartbarkeit.

---

Kennen Sie eigentlich das Profil „Abräumer", auch Hinterherputzer genannt? Unterschätzen Sie nicht die Bedeutung dieser Rolle. Im Fußball gibt es die Doppelsechs, die hinten die Abwehr stabilisiert und die Drecksarbeit verrichtet. In der Softwareentwicklung gibt es nicht selten die Bastler, die vorweg laufen und „mal eben schnell" neue Features umsetzen und dadurch zum Beispiel den Build brechen oder sonstige Fehler provozieren (siehe Bild 5.1). Diese Features tatsächlich in einen Reifegrad zu versetzen, der nachhaltig und qualitativ hochwertig ist, sowie den Build wieder zu reparieren, ist dann häufig die „versteckte" (also nach außen nicht sichtbare Aktivität, da sie in keinem Projektplan auftaucht) Aufgabe anderer Projektteilnehmer, die nicht selten weniger Aufmerksamkeit genießen als der filigrane No-Look-Pass[3] der Spielernummer 10.

---

[2] Die hier angeführten Patterns erheben nicht den Anspruch, gemäß Pattern-Community formal korrekt definiert zu sein.

[3] http://de.wikipedia.org/wiki/Pass_%28Sport%29#No-Look-Pass

Bild 5.1: Was zählt, ist mein Tempo! Haben Sie auch so einen Helden im Team?
(Quelle: ©iStockphoto.com/craftvision)

### Die stets grüne Ampel

Der Ansatz, alle Tests müssen grün sein, ist ein guter (siehe Bild 5.2). Die Frage lautet: Wie kommen wir zum Grün? Und wie viel Grün ist gesund? Und: Sind wir Greenkeeper und Gärtner oder Softwareentwickler?

Ein bloßes Auskommentieren oder gar Löschen von einzelnen, fehlschlagenden Tests ist sicherlich nicht der optimale Weg, obwohl schon häufig beobachtet. Der Nutzen ist auch zu hinterfragen, wenn es um den Grad der Testabdeckung geht. Sagt Ihnen ein Entwickler, es gäbe 100 % Testabdeckung, so klingt das zunächst einmal schön. Schauen Sie genau hin. Welche Aussagekraft hat das? Gar keine. Unterscheiden Sie vielmehr zwischen Tests auf Modul, Klassen- und Zeilenebene – je feingranularer Sie untersuchen, desto besser. Aber bedenken Sie, dass die daraus resultierende Informationsflut durch geschickte Informationsverdichtung greifbar gemacht werden muss.

> Statistiken und Metriken sind dafür da, dass man sie manipuliert.

## Aus dem wahren Leben

In einem ziemlich bemerkenswerten Projekt ging es darum, die Leistungen eines externen Softwarehauses zu prüfen. Der ambitionierte Architekt wollte sich allseits absichern und ließ die gesamte existierende Werkzeugpalette auf die Codebasis los – alles, was man statisch hätte analysieren können, wurde analysiert. Und überdies wurde die vollinstrumentalisierte Codebasis einer kompletten Testabdeckungsmessung unterzogen mit einer Grenzvorschrift von 94 % für alles, und zwar Branch-Coverage[4] wohlgemerkt. Klar, dass sämtliche Tests dabei durchfielen.

Das Management wartete nur darauf, da im Vertrag die Obergrenzen nicht klar geregelt wurden, also musste der Dienstleister nachbessern. Tage und Nächte vergingen ... ohne Erfolg. Irgendwann gaben sie auf und haben nur noch gepfuscht, d.h. Getter und Setter mit sinnlosen Tests versehen etc., und das Management überredet, auf Line-Coverage umzustellen – zum Preisnachlass, ohne mit dem Architekten darüber zu sprechen (eigenartig, nicht?).

Bild 5.2:
Der Erfolg ist hier quasi vorprogrammiert: Diese Ampel sorgt für Unverletzbarkeit und Unfallfreiheit im Verkehr. Und keine Sorge: die Ampel zeigt tatsächlich überall Grün an. Das erkennt ein geübtes Auge an dem etwas anderen Grau, das im Schwarz-Weiß-Druck herauskommt, als es bei Rot oder Gelb der Fall wäre.
(Quelle: ©iStockphoto.com/Palto)

Noch ein Wort zu „gefaketen Statistiken" (wie 100 % Testabdeckung, aber auf oberster Ebene: „Die Anwendung wurde getestet"): Grüne XUnit-Balken sind zwar schön, erscheinen aber auch, wenn in der Testmethode gar kein Test verankert ist. Mit anderen Worten: Ein leerer, auskommentierter oder gelöschter Testmethodenrumpf führt zu einem bestandenen Test. Toll!

---

[4] Eine der Metriken der statischen Quellcode-Analyse.
Mehr dazu unter http://en.wikipedia.org/wiki/Code_coverage

# 6 Zusammenarbeit

Quelle: ©iStockphoto.com/kemalbas

"Business people and developers must work together daily throughout
the project."

„Geschäftsleute und Entwickler müssen täglich während des ganzen Projektes
zusammenarbeiten."

### Anekdote

Zwei Blondinen bleiben im Aufzug stecken. Eine schreit: „Hilfe! Hilfe!".
Die andere sagt: „Hey, lass' uns zusammen schreien, ok?". „Ok."

Beide schreien darauf hin los: „Zusammen! Zusammen!"

Wenn dieses Prinzip sich nicht von selbst erklärt, welches dann? Es bedeutet genau das, was es in Kurzform sagt: Beide Seiten, also die Businessseite und die vermeintlich „nur" ausführende Entwicklerseite legen ihre Vorurteile übereinander und ihre harten Kunde-Dienstleister-Fronten ab und ziehen proaktiv und konstruktiv an einem Strang, um am Ende das beste Ergebnis zu erzielen.

Lassen Sie sich nicht von Ihren Vorurteilen beeinflussen. Sie spielen im Projekt keine Rolle. Nur das Resultat ist von Bedeutung. Es ist vollkommen egal, ob die Entwickler sich rasieren oder ob die Businessleute angeblich zu dumm sind, den Rechner anzumachen. Ein Projekt ist die Zweckzusammenkunft verschiedener Individuen mit verschiedenen Qualitäten und Schwerpunkten, die durch *gemeinsame* Arbeit ein erforderliches Projektresultat erzielen. Verlieren Sie das niemals aus den Augen, und sorgen Sie dafür, dass beide Seiten die Zusammenarbeit immer über alle Differenzen hinweg priorisieren.

Unterschiedliche Charaktere sind ganz normal, und auch Konflikte gehören dazu. Sie treten vor allem dann auf, wenn ein Team neu zusammengestellt wird bzw. es sich ändert. Und absolut jedes Team durchläuft während seines Lebens die Phasen Form, Storm, Norm und Perform[1].

Arbeiten Sie aktiv am Projekt mit, d.h. bringen Sie sich ein, erfinden Sie neue Dinge und Wege, platzieren Sie Ideen und warten Sie nicht einfach nur darauf, bis die andere Seite von sich aus liefert oder erfindet. Bleiben Sie ständig am Ball, holen Sie die Leute ab, ziehen Sie ihnen die erforderlichen Informationen buchstäblich aus der Nase, animieren Sie sie zum Mitdenken, denn auch in Softwareprojekten gibt es Bring- und Holschuld. Werfen Sie die Ergebnisse Ihrem Projektpartner nicht einfach so hin und warten Sie nicht darauf, bis er sie evaluiert, sondern kümmern Sie sich um die Evaluierung, kümmern Sie sich darum, dass seine Erwartungen mit dem Ergebnis Ihrer Arbeit möglichst übereinstimmen. Erreichen Sie das durch enge, kontinuierliche Zusammenarbeit.

---

[1] http://en.wikipedia.org/wiki/Forming,_storming,_norming_and_performing

## 6.1 Die Bedeutung

Bereits seit den Anfängen der (philosophischen bzw. psychologischen) Emergenztheorie ist bekannt, dass (vereinfacht dargestellt und dem Aristoteles zugeschrieben) „das Ganze mehr als die Summe seiner Teile ist." Bezogen auf die Zusammenarbeit lässt sich sofort eine Parallele ziehen: In enger Zusammenarbeit ist deutlich mehr zu leisten und zu schaffen als in sequenzieller Zuarbeit, die man auch fälschlicherweise als Zusammenarbeit bezeichnen kann.

### Ich Kunde, du Lieferant

Über Jahre hinweg wurde die IT zu einem Dienstleister erzogen bzw. hat sich selbst in diese Richtung entwickelt. Das Kunde-Dienstleister-Verhältnis hat natürlich einen gewissen Charme, weil in erster Linie die Zuständigkeiten recht klar abgrenzbar sind. Es bringt eine nicht zu leugnende Bequemlichkeit mit sich, sich zurücklehnen und auf die Lieferungen des Partners warten zu können.

Es ist nur so, dass dieses Ping Pong-Spiel immer damit endet, dass jemand den Ball entweder zu hart spielt oder fallen lässt, genauso wie es in der jeweiligen Sportart der Fall ist. Es „gewinnt" also nur einer, und das Spiel selbst

> Das Kunde-Lieferant-Spiel ist ein Gegeneinander, kein Miteinander.

ist kräfteraubend und mehr oder weniger taktisch statt produktiv und befruchtend. Es ist ein Gegeneinander, kein Miteinander. Es stehen sich zwei Gegner gegenüber, keine Partner. Einer spielt mit einer Riesenschaufel (der Kunde) und der andere dagegen nur mit einem Teelöffel (der Lieferant), und der Kunde darf auch noch ständig aufschlagen. Der Lieferant kann daher auch nur verlieren.

Aber zurück zu den gestalterischen Aspekten. Es lassen sich auf dieser Basis wunderbar Verträge gestalten. Du lieferst das, ich mache jenes, und zwar bis dann und dann, aber nur, wenn du mir dies und das lieferst, und zwar bis dann und dann, sonst ist das und das fällig oder dieses wird abgezogen. Alles befindet sich in seinen geregelten Schubladen, alles ist geordnet, nach Rollen getrennt und in Reihenfolgen und Abhängigkeiten gebracht. Und es hat einen „schönen" Nebeneffekt: Es kracht wie ein Kartenhäuschen, wenn eine von diesen Ordnungen mal nicht funktioniert.

Das kümmert aber niemanden, denn das regelt das Vertragswerk, nicht wahr? Nun, genau diese Denke widerspricht einem der wichtigsten agilen Werte, und das hier erläuterte Prinzip unterstreicht diesen Widerspruch. Es

> Nicht das Vertragswerk führt zum Erfolg, sondern die Zusammenarbeit.

ist nicht die Qualität des Vertragswerks, die zum Erfolg führt, sondern die Tiefe und die Qualität der Zusammenarbeit. Diese muss so eng sein, dass vertragliche Aspekte nur noch den finanziellen und sonstigen organisatorischen Rahmen regeln, der Rest jedoch quasi so funktioniert, dass alle in einem Boot sitzen und entweder alle am anderen Ufer ankommen oder alle untergehen, was bei gemeinsamer konstruktiver Anstrengung gar nicht passiert.

**Die moderne Symbiose**

| Der radikale Ansatz der Moderne: IT und Business verschmelzen |

Irgendwann kam also die freche Idee auf, die zumindest in einem kleineren und innovativen Start-up-Rahmen gut zu funktionieren schien: Wieso eigentlich nicht die Business-Leute und ITler in einen Topf werfen – zumindest für die Dauer eines konkreten Projekts? So kann keiner auf den anderen zeigen, wenn es Schwierigkeiten gibt, denn man sitzt ja schon so eng beieinander. Die Abstimmungswege sind kurz, das Ziel ist identisch, es gibt keine Möglichkeit, hinterm Rücken des anderen zu taktieren, denn es ist alles offen, und der Blick kann nur gemeinsam nach vorne gerichtet sein.

| SLAs sind gut, wenn man verwaltet – nicht, wenn man Neues schafft. |

Genau betrachtet ist dieser Ansatz das einzig Sinnvolle. Es gibt keinen Weg, auf den althergebrachten, harten hierarchischen Strukturen zu beharren, wenn man kurze Time-to-Market-Zeiten einhalten soll, denn sie ruinieren nur die Dynamik. Die unnötigen Rituale und Abstimmungswege zwischen Business und IT, Schaffung und Einhaltung von SLAs (Service Level Agreements, also verbindliche Vereinbarungen zwischen Auftraggeber und Dienstleister für wiederkehrende Dienstleistungen) an Stellen, wo beide schnell zum Ergebnis rudern müssen, sind absoluter Overhead. SLAs sind gut, wenn man verwaltet – nicht (zwingend), wenn man Neues schafft.

Wenn das Business bzw. dessen fachliche und technisch qualifizierte Vertreter in Gestalt von Produktmanagern zusammen mit der IT in den gleichen Räumen sitzen und an Projekten arbeiten, entstehen dabei die besten Ergebnisse, die man sich überhaupt vorstellen kann. Die Vision, deren Erfüllung und deren Kontrolle vereinen sich an einem Ort und treiben sich gegenseitig in einer Erfolgsspirale zu Höchstleistungen an. Was will man mehr, um Erfolg zu haben? Genau – gar nichts!

**Routine**

### Aus dem wahren Leben

Ein Start-up hatte eine wirklich bahnbrechende Idee und holte sich zu deren Umsetzung die besten ITler, die zu dem Zeitpunkt am Markt zu haben oder unfallfrei abzuwerben waren. Auch auf der Businessseite kamen ein paar helle Köpfe zusammen, und jeder kriegte den Status eines Generals und ein schnuckeliges Optionenpaket mit rosigen Rentenaussichten auf Ewigkeit.

Alle waren quasi gleich geschätzt, gleich geliebt, gleichberechtigt. Man steckte alle in einen großen Raum und legte los. Irgendwann war die Plattform bereitgestellt (engl. „gelaunched"), und man rauchte die gemeinschaftliche Launch-Zigarre und trank den Launch-Wein. Alle lagen sich in den Armen, alle waren voller gegenseitiger Liebe, das Wir-Gefühl schwebte in der Luft, Rosenblüten deckten überall den Boden.

Man feierte Erfolge über Erfolge. Und dann ... sprang ein großer Kunde ab. Und plötzlich regierte der Rotstift. Und plötzlich gab es eine Zweiklassengesellschaft. Der Vertrieb war beliebt, weil er Kohle heranschaffte, und die IT war unbeliebt, weil sie nur Kohle fraß. Einfach, nicht? Helle Köpfe auf beiden Seiten wurden entlassen, und man holte sich die Mittelklasse, um Routineaufgaben zu erledigen und einfach nur mitzuschwimmen. Farblosigkeit trat an die Stelle von Innovation.

Und vorbei war es mit begeisterter Zusammenarbeit, denn man warf sich die Anforderungen und die Resultate regelmäßig über den großen Zaun hin und her und wollte von einem Miteinander nichts mehr wissen. Wie denn auch, wenn jeder auch noch so kleine Fehler maßlos bestraft wurde? Fingerpointing wurde zur neuen Unternehmenskultur und auch zum einzigen nennenswerten Ergebnis der Zusammenarbeit, denn so richtig Erfolge gab es sonst keine.

Wenn ein Start-up aufhört, ein Start-up zu sein, mutiert dessen IT nicht selten zu einem Dienstleister, da sie von einem Motor zur reinen Kostenstelle wird. Die Innovation wird von der Verwaltung verdrängt, und es wird

> Routine ist der größte Feind der Agilität.

immer schwieriger, die IT und das Produktmanagement zusammenzuhalten, da die Ideen nicht mehr bahnbrechend sind, sondern zur Routine mutieren, die Geister nicht mehr so frisch und innovativ sind, und die Positionen mit den Leuten aus der zweiten Reihe besetzt werden, die mehr verwalten als zerreißen. Das entspricht dem natürlichen Lauf der Entwicklung, und ist der größte Feind der Agilität. Die Begriffe Agilität und Routine lassen sich einfach kaum zusammenbringen.

Es gibt kein wirkliches Rezept gegen Routine und für das Erhalten der Agilität in der Routine. Die Unternehmenskultur muss an und für sich einfach nur stets dynamisch bleiben, die Menschen müssen diesen Geist der Innovation und der ständigen Aufregung in sich tragen, damit auch die Agilität bestehen bleibt. An sich muss der Prozess der Softwareentwicklung als stetiger Änderungsprozess verstanden werden.

Endet dies stattdessen in der Verwaltung des Erreichten, stirbt auch die Agilität, und das typische Kunde-Lieferanten-Verhältnis mit allen fatalen Folgen tritt in

Erscheinung. Warum fatal? Weil es an eine Sisyphos-Aufgabe grenzt, daraus wieder Agilität zu wecken. Es sei denn, die entstandenen Unternehmensstrukturen werden à la Scrum radikal gebrochen, was mal funktioniert und mal nicht – abhängig vom Willen des Managements und des Teams.

## 6.2 Die Fehlinterpretationen

Dieses Prinzip weist zwei typische Fehlinterpretationen auf. Zum einen geht es darum, im Kunde-Lieferant-Modus die Zusammenarbeit vollkommen zu bürokratisieren und zu formalisieren bzw. zu depersonifizieren, was wir an dieser Stelle als „über den Zaun" bezeichnen wollen. Und zum anderen kann bei falscher Anwendung die gut gemeinte Zusammenarbeit zwischen Business und IT zu ewigen Debatten ohne sichtbaren Erfolg führen, wofür es ebenso mehrere Gründe geben kann.

### Über den Zaun

Wie bereits bei der Erläuterung des Kunde-Lieferant-Prinzips aufgezeigt, besteht ein Extrem in der Kommunikation in einem für Menschen unüberwindbaren Prozesszaun, wie das Bild 6.1 verdeutlichen soll. Über diesen Zaun wandern in eine Richtung Anforderungen und in die andere Resultate, obgleich das eine mit

Bild 6.1: Ja, genau, die Anforderungen und Ergebnisse in beide Richtungen über den Zaun hin und her werfen. Am liebsten noch mit Stacheldraht, nicht wahr? Und auf beiden Seiten des Zauns je ein tiefer Graben, in dem Krokodile lauern.
(Quelle: ©iStockphoto.com/DanCardiff)

dem anderen selten etwas gemein hat. Hauptsache, der Anschein der Zusammenarbeit wird erweckt, man wirft sich gegenseitig Bälle zu – welche auch immer. Und irgendwann ist mal jemand an der Reihe, der Schwierigkeiten hat weiterzumachen.

Im Falle eines Misserfolgs ist der Schuldige meist recht schnell gefunden, zumindest aus der Sicht des anderen Partners. In vielen pathologischen Projekten ist das leider das Erste, was angestrebt wird: einen Schuldigen zu finden und selbst eine weiße Weste zu haben. Weil diese Art der „Zusammenarbeit" sequenziell abläuft – erst du, dann ich, dann wieder du –, ist der Verlierer derjenige, der irgendwann nicht liefern kann. Bei besonders kritischen Projekten, bei denen von vornherein klar ist, dass sie zum Scheitern verurteilt sind, wird häufig genau darauf hingearbeitet und strategisch lange abgewartet, bis der andere auf die Schnauze fällt.

## Aus dem wahren Leben

Das Vorhaben war riesig und für das Unternehmen definitiv nicht zu stemmen. Nicht aus eigener Kraft und auch nicht mit externer Hilfe. Aber die Großaktionäre bestanden auf einer Sanierung, sonst drohte der Verkauf an einen Großinvestor. Also, was tun? Klar, Dauerbrenner! Eine Ewigbaustelle!

Dabei stand die IT und das Produktmanagement in direkter Erfolgskonkurrenz (wie auch immer man das geschafft hat) bzw. keiner von ihnen wollte derjenige sein, wegen dem das Projekt scheitert. Also fingen sie an, Strategie-Ping-Pong zu spielen. Ewig lange beschäftigte man sich damit, Spielregeln zu vereinbaren, und währenddessen haben sich Entwickler und die Fachkenner noch nicht einmal kennengelernt.

Unzählige Lenkungsausschüsse, ewiges Hin und Her, Projektpläne, die nur unnötig zum Aussterben des Regenwaldes beitrugen, Hinhaltetaktik par excellence, Liefern auf den letzten Drücker, das absichtliche Auslassen von Details, sich dumm stellen und, und, und...

Sie haben längst erkannt, dass aus dem Projekt nichts wurde. Es läuft wahrscheinlich immer noch. Das ist aber nicht der Punkt. Der Punkt ist nämlich, dass selbst als man diesem ganzen Strategieverein vom agilen Vorgehen erzählte und sie regelrecht dazu zwang, die Teams zu mischen und die Fachleute mit den Technikern zusammenarbeiten zu lassen, ging der Zinnober auf höherer Ebene unverändert so weiter, also war die ganze Agilität reine Farce.

> Die IT ist als Lieferant
> immer in der Defensive.

Das Fingerpointing ist bei derartiger Zusammenarbeit meistens das einzig sichtbare Ergebnis. Da sonstige Resultate meist deutlich schlechterer Qualität sind oder ganz ausbleiben, muss ein Sündenbock her. Im Normalfall ist es derjenige, bei dem der letzte Ball landete, und meistens ist es leider die IT, weil sie dann oft in der Defensive ist. Das gilt sowohl für hauseigene IT als auch für externe Anbieter, die sich gegen noch höhere finanzielle Risiken absichern müssen und daher noch härtere Abgrenzungen anstreben und sich damit noch weiter vom Idealzustand der Erfolg versprechenden Zusammenarbeit entfernen.

### Debattenprojekt

Eine weitere, recht lustige Variante der Zusammenarbeit ähnelt zwar einer Idylle, ist aber im Grunde gar keine Zusammenarbeit. Da sitzen eben die IT und das Produktmanagement munter zusammen, da schmieden sie gemeinsam Pläne, da grübeln sie zusammen nach, was und wie sie realisieren, bloß kommt dabei nichts heraus. Warum? Sehen Sie sich zunächst das Bild 6.2 an, um auf den Geschmack zu kommen, und lesen Sie danach weiter.

Bild 6.2: Lange Debatten, äußerliches Grübeln, keine sichtbare Arbeit.
(Quelle: ©iStockphoto.com/Editorial12)

Warum also, fragen Sie? Dafür gibt es diverse Gründe:

- Auf höherer Managementebene wird gegeneinander gearbeitet, darunter simuliert man aber das Miteinander, um eventuell die Gemüter zu beruhigen bzw. Zeit zu gewinnen. Die Macherebene ist dabei natürlich völlig machtlos, diskutiert ewig um den heißen Brei herum, konzentriert sich auf fachliche und technische Details und rennt bei Entscheidungen ins Leere

- Auf allen Ebenen simuliert man Friede, Freude, Eierkuchen, dabei ist man sich aber spinnefeind. Gründe dafür kann es viele geben, und meist sind sie völlig irrational. Man will einfach nicht miteinander, ist aber dazu gezwungen, also wird dieselbe Platte abgespielt, immer und immer wieder, mühsam, langsam, ohne jedwede Passion, langweilig, ziellos und schließlich auch ergebnislos

- Wenn die Projektziele völlig unklar sind, man sich aber zur Zusammenarbeit entschlossen hat, bekommt man genauso ein Resultat – nämlich gar keins. Es entstehen ziellose und endlose Debatten, weil zunächst überhaupt über die Ziele diskutiert wird, und diese unterscheiden sich von Person zu Person gewaltig. Und sofern da nicht einer die Ziele verbindlich und mit entsprechender Autorität festlegen kann, führt diese gut gemeinte Zusammenarbeit zu warmer Luft und unnötig hohen Catering-Ausgaben.

- Auch so ähnlich, aber doch nicht ganz: Jedes Vorhaben braucht einen Champion. Jemanden, der die Vision hat und trägt. Der die anderen nach vorne mitreißt. Wenn niemand dem Team den Antrieb liefert, wird das Team verhungern und ins Leere bzw. in alle möglichen Richtungen laufen, und die vielen schwächeren Teilantriebe verpuffen schnell im Luftwiderstand.

- Es ist nicht nur wichtig, Business und IT zusammen in einem Team zu haben, sondern ebenso, bei ihnen für gleiches fachliches Verständnis zu sorgen. Es hilft nichts, wenn sie zusammensitzen, aber kein Mindestmaß am gemeinsamen Verständnis für die Materie des jeweils anderen haben. Diese Grundausbildung muss schon vorher geschehen, sonst gibt es zu viel Initialreibung und damit zu großen, manchmal unüberwindbaren Projektanlauf.

- Zu viel Kundennähe ist für Entwickler nicht gut. Entwickler brauchen Zeit, um zu entwickeln. Nicht nur zu reden und in Meetings zu sitzen und nachzudenken. Entwickler müssen für bestimmte Zeit in Ruhe gelassen werden, damit sie Fragen sammeln und in der Entwicklung vorankommen können. Wenn sie ständig gestört werden, sind sie unkonzentriert, und die Ausführung des Projektes leidet darunter. Man darf es nicht vergessen: Ein Projekt ist nicht nur Hirnschmalz, sondern vor allem Handarbeit.

## Fragen Sie ...

Fragen Sie einen guten Entwicklungsleiter, was er von Telefonen in den Entwicklerbüros hält. Was meinen Sie, was er ihnen antwortet? Er sagt Ihnen, er will keine. Oder er sagt Ihnen, er hat keine. Und nur der Betriebsrat kann ihn dazu bringen, welche zu haben. Dann wird er aber dafür sorgen, dass nirgends im Firmenintranet seine Entwickler mit direkter Durchwahl stehen, was die Leute trotzdem nicht davon abhalten wird, einfach mal eine nach der anderen Nummer ab der Hotline auf- und abwärts durchzuprobieren, um vielleicht auf einen zu treffen. Und wenn sie mal auf einen treffen, dann machen sie ihm die Hölle heiß, weil sie solange fürs Durchprobieren gebraucht haben. Ein guter Tipp seitens des Entwicklungsleiters dabei: kommentarlos auflegen ...

Im Ernst, das Telefon und der direkte Draht zu den Entwicklern ist ein Störfaktor, wenn es unkoordiniert genutzt wird. Allerdings arbeitet man in disziplinierten gemischten Teams mit gegenseitigem Respekt und stimmt sich zu gegebenen Zeiten ab, also gibt es da keinen Grund, sich vor dem anderen zu verstecken. Lieber das Team beieinander haben als durch die Telefonblockaden in den Kunde-Lieferant-Modus zurückzufallen. Respekt und Disziplin – das sind die probaten Mittel.

*„Der seltene Mann will seltenes Vertrauen.*
*Gebt ihm den Raum, das Ziel wird er sich setzen.“*

*Friedrich von Schiller*

# 7 Motivierte Individuen

Quelle: ©iStockphoto.com/RichVintage

"Build projects around motivated individuals. Give them the environment and support they need, and trust them to get the job done."

„Gestalte Projekte um motivierte Individuen herum. Gib ihnen die Umgebung und die Unterstützung, die sie benötigen, und traue ihnen zu, die Aufgabe zu erledigen."

## Anekdote

Nachrichten: Gestern Abend hat in der Nähe der Insel Madagaskar der deutsche Frachter „Regenbogen-I" Schiffbruch erlitten. Sämtliche Güter fielen ins Meer und konnten nicht mehr geborgen werden. Die Schiffsbesatzung, die währenddessen im Hafen von Sydney ein Saufgelage absolvierte, blieb zum Glück unversehrt.

Hinter diesem Prinzip steckt die Idee des Loslassens und des Delegierens. Es geht schlichtweg darum, dem Team sowie dessen Individuen alle notwendigen Freiheiten zu gewähren, die sie benötigen, um das gemeinsam definierte Ziel zu erreichen. Es geht darum, optimale Rahmenbedingungen zu schaffen, das Team zu unterstützen, wie und wo es nur geht, ihm Steine aus dem Weg zu räumen und es laufen zu lassen.

Verabschieden Sie sich von den veralteten Kommandomethoden. Vertrauen Sie dem Team. Lassen Sie den Menschen ihre Freiräume, damit sie ihre Kreativität entfalten und damit bestmögliche Resultate erzielen können. Setzen Sie auf Individualität und formen Sie sie zu einem einheitlichen Teamgesicht. Konzentrieren Sie sich darauf, dem Team den Weg zu ebnen und hinter dem Team aufzuräumen.

Motivieren Sie die Menschen. Erwarten Sie nicht von Haus aus motivierte Menschen – machen Sie sie zu motivierten Menschen. Wenden Sie dazu alle Ihnen zur Verfügung stehenden Mittel an und erfinden Sie ständig Neue. Sorgen Sie für ein gutes Arbeitsklima. Denken Sie daran, dass Geld in der Softwareentwicklung nicht der wichtigste Motivationsfaktor ist und dass jeder Mensch einen eigenen Zugang braucht. Seien Sie menschenorientiert, und Sie bekommen tolle Menschenteams statt nutzloser Roboterarmeen.

## 7.1 Die Bedeutung

Seit es Macht gibt, gibt es die Kunst der Motivation. Bzw. die Motivation kam etwas später, als es immer schwieriger wurde, die Macht durch rein hölzerne Methoden aufrechtzuerhalten und als selbstverständlich, als gegeben auffassen zu lassen.

Früher war es leichter, ohne Zuckerbrot und nur mit Peitsche zu regieren bzw. Menschen zu Höchstleistungen anzuspornen. Zumindest war es früher, also einige Jahrhunderte bzw. Jahrtausende früher, etwas leichter, Menschen ohne größere geistige Anstrengung in eine bestimmte Richtung zu bewegen. Dies geschah hauptsächlich durch Angst.

### Management durch Angst

Motivation bzw. Herrschen durch Angst hat eine lange Tradition. Von ihr rührt eben auch das berühmte Muster „Management By Fear", also das Management durch Angst. Auch radikale Weltanschauungen im Allgemeinen haben in ihren Blütezeiten durchaus auf schiere menschliche Angst vor Ungewissem gebaut und diese nicht nur zu Personenkult, sondern z.B. zur eigenen Bereicherung genutzt.

Auf Zwang und Angst basierende „Motivationsmethoden" – um das an dieser Stelle ganz einfach auszudrücken – bringen nichts. Kein Mensch arbeitet

> Kommandieren ist höchstens für Armeen gut.

unter Angst schneller oder besser. Druck ist generell der völlig falsche Arbeitsbegleiter. Er lässt uns Fehler machen, weil wir uns nicht auf die Arbeit, sondern auf die Angst und den Schweiß konzentrieren. Die Schlussfolgerung: Kommandieren ist höchstens für Armeen gut. Das steht aber auf einem anderen Blatt, und Kapitel 13 befasst sich detaillierter mit dieser Materie.

### Motivation durch Fokus und Vertrauen

Der beste Arbeitsmodus für einen Menschen ist Entspannung. Aber genau die fürchtet das Management häufig aus irgendwelchen Gründen, weil es sie als Faulheit interpretiert. Dabei ist eine entspannte Atmosphäre ein Garant für Konzentration. Ein kluger Manager lässt sein Team an nichts anderes denken als an das Projekt. Der ganze Rest drum herum bleibt komplett außerhalb des Fokus – um den kümmert er sich selbst.

Wenn es der Manager schafft, dem Team einen Fokus zu garantieren, wird dieses Team alles daran setzen, das Ziel zu erreichen. Er muss dem Team „nur" Hindernisse jedweder Art aus dem Weg räumen. Und er muss dem Team das absolute, jedoch zielgelenkte Vertrauen entgegenbringen, dass es das gesteckte Ziel auch erreichen kann. Und wenn das Ziel nicht illusorisch ist, wird es auch tatsächlich erreicht werden können – davon kann man felsenfest ausgehen. Vorausgesetzt, man vergisst nicht, den Kurs unterwegs bei Bedarf zu korrigieren.

### Motivation durch … Motivation

Es gibt ca. eine halbe Milliarde Motivationsfaktoren. In der Softwareentwicklung können sie im Grunde genommen auf einige Wenige komprimiert werden

> Einige wenige Faktoren treiben uns Softwaremenschen.

– in Abhängigkeit vom Individuum: Geld, Anerkennung, Zusammengehörigkeit, Beliebtheit beim anderen Geschlecht, Spaß. Und das war's so ziemlich.

Sie wundern sich vielleicht, warum wir das hier mit solcher Leichtigkeit so dermaßen verallgemeinern und vereinfachen? Nun, das ist kein Buch über Psychologie, zumindest nicht direkt. Und aus unserer Erfahrung kann man die Motivation von Menschen und Teams in der Softwareentwicklung meistens auf einen oder einige dieser Faktoren beziehen bzw. diese Faktoren nutzen, um eben diese Menschen und Teams zu motivieren.

Wobei man wissen muss, dass nicht jeder Faktor bei jedem die gleiche Bedeutung hat. Einige Faktoren besitzen in der Entwicklergemeinde einen viel höheren Stellenwert. Und der Faktor „Beliebtheit beim anderen Geschlecht" ist beispielsweise durch den Manager ohnehin recht schwer zu beeinflussen, es sei denn, er oder sie gehört eben diesem anderen Geschlecht an und möchte dies auch als Motivationsfaktor einsetzen. Das ist aber wiederum nicht ganz ungefährlich und nur am Rande arbeitsgesetzkonform. Und auch moralisch so lala.

Das alles soll an sich sagen, dass ein schlauer Manager es weiß, wie er jeden einzelnen motiviert, und wie er das ganze Team motiviert. Dazu gehört Fingerspitzengefühl, individueller Zugang, viel Geduld und Menschenkenntnis und keine Schablonen!

## 7.2 Die Fehlinterpretationen

Extreme gibt es für dieses Prinzip mehr als genug – Untertreibungen wie Übertreibungen. Wir wollen an dieser Stelle die beiden herausgreifen, die am deutlichsten die beiden Aspekte Vertrauen und Motivation fehlinterpretieren – Mikromanagement und Gesichtsblindheit.

### Mikromanagement

Mikromanagement ist die „Tugend" des unerfahrenen Managers. Aus Angst vor Versagen gleich bei einem der ersten Projekte macht man sich selbst einen enormen Druck (von außen ist dieser Druck vielleicht gar nicht so hoch) und vertraut dabei niemandem – nicht einmal dem eigenen Schatten. Es ist viel seltener, dass jemand mit Erfahrung ins Mikromanagement verfällt, es sei denn, er wird dazu seitens des höheren Managements angewiesen (auch hier ist es häufig der Druck, der zu solchen Unarten im Miteinander und im Projekt führt), weil man z.B. den Mitarbeitern nicht vertraut. Aber es kommt wie gesagt auf das jeweilige Umfeld an und ist an dieser Stelle unwichtig.

> **Mikromanagement treibt alle in den Wahnsinn.**

Das Mikromanagement treibt alle in den Wahnsinn: den Manager und die Mitarbeiter. Es skaliert nicht, es kostet unnötig Zeit und führt zu keinem Resultat. Es ist, als ob nur ein Einziger arbeiten würde. Die Mitarbeiter im Projekt schalten aus Prinzip ab und lassen den Mikromanager (auf-)laufen. Und er alleine kann nichts schaffen – klar, wie denn auch?

Die Unsicherheit des Managers kann verschiedene Ursachen haben:

- Managementunerfahrenheit (erstes Projekt)
- Fachliche Unerfahrenheit (Neuland)
- Persönliche Unsicherheit (falscher Job)
- Karriereunsicherheit (neue Chance, letzte Chance)
- Teamunsicherheit (Akzeptanzmangel, Unerfahrenheit)
- Projektunsicherheit (Mistrauen)
- Zielunsicherheit (unklare Projektziele)

Die Liste ließe sich fast unendlich fortführen – so viele Menschen, so viele Unsicherheitsursachen. Aber egal, was die Ursachen für das Mikromanagement sein mögen – das Resultat ist immer gleich: Das Team ist quasi nicht existent, Resultate bleiben aus, einer schafft es, eine Weile lang sich zu verkaufen, bis die Seifenblase platzt.

Das Bild 7.1 zeigt, wie das Mikromanagement funktioniert – wie eine Fernbedienung. Kaum entwickelt sich eine Handlung auf einem Kanal, wird sie – Zapp! – schon umgeschaltet, und eine langweilige Schnulze läuft.

Bild 7.1: Ist das die Hand Ihres Chefs? (Quelle: ©iStockphoto.com/chasertg)

## Aus dem wahren Leben

Ein junger Manager wurde vom Topmanager beauftragt, ein komplett extern vergebenes Projekt zu beaufsichtigen. An sich nichts Schlimmes, nur traute man den Externen überhaupt nicht. Man befürchtete eine Abhängigkeit, und das mit Recht. Also schickte man einen Jungdynamiker ins Gefecht, um sie zu überwachen, damit er dem Management berichtet. Nur hatte er weder Managementerfahrung noch vom Fach eine Ahnung.

Das Team wollte sehr agil arbeiten. Die Teammitglieder haben sich in einem Projektzimmer eingesperrt, haben stets Zettel an der Tafel hin und her geschoben, haben immer kurze Kommunikationswege gehabt, sich sofort bei Problemen abgestimmt etc. pp. Was halt so alles dazugehört.

> Bloß stand da halt der Mikromanager etwas im Wege. Wie? Nun, er war zum einen nicht Teil des Teams. Er kam nur dann hin, wenn es ihm gepasst hat. Setzte mit dem Team turnusmäßig Abstimmungsrunden auf, nur um sich zu informieren, platzte ständig ohne Vorwarnung herein, nervte ständig per E-Mail oder am Telefon, verlangte immer wieder Gantts, verschleppte den Teamleiter ständig in Meetings und, und, und.
>
> Die Konsequenz daraus war einfach: Das Team beschwerte sich beim Topmanagement über ihn. Der Topmanager war nicht dumm. Er sah, dass das Team sonst glänzend vorankäme, und dass sein Spion dem Team das fünfte Rad am Wagen war. Also pfiff er ihn zurück und wies ihn an, deutlich ruhiger zu überwachen, unauffällig. Der Jungdynamiker versagte allerdings trotzdem, aber das ist eine andere Geschichte.

### Gesichtsblindheit

Dieses Extrem ist einigen Managern in die Wiege gelegt oder sie haben es absichtlich angelernt, um künstlich Abstand zum Fußvolk zu halten. Aus welchem Grund auch immer dieses Extrem ans Licht kommt, es stinkt zum Himmel, weil es absolut kontraproduktiv ist. Es zerstört Teamgeist, es lässt überhaupt erst keine Teams entstehen. Es schürt Misstrauen. Es demotiviert. Es ignoriert und untergräbt Individualität. Es begräbt Kreativität. Es macht aus Menschen Roboter. Die Rede ist von Gesichtsblindheit. Mit Gesichtsblindheit meinen wir die Auffassung des Managements, dass jeder Mitarbeiter problemlos innerhalb kürzester ersetzbar ist und nur noch Standardaufgaben verrichtet, die z.B. auch ein Affe verrichten könnte. Oder haben Sie noch nie von sogenannten Code Monkeys[1] gehört?

Der Traum so vieler Manager ist die Ersetzbarkeit der „Ressourcen". Zunächst einmal sollen Sie eines lernen: Menschen sind keine Ressourcen – sie sind Menschen. Ressourcen sind die Golfschläger der Manager oder ihre Autos, aber keine Menschen. Das zu lernen, ist schon mal die halbe Miete auf dem Weg zu erfolgreichen Teams.

> **Entwickler sind zart besaitete Diven.**

Dann müssen Sie lernen, dass jeder Mensch anders ist. Menschen denken anders, leiden anders, verhalten sich anders, reagieren anders etc. pp. Und die schlimmsten von ihnen sind Künstler und Entwickler. Das sind ganz zart besaitete Wesen. Diven. Sie wollen und müssen geliebt werden. Und wenn sie Roboter sind, dann höchstens allesamt der Marvin – der stets depressive Roboter aus „Per Anhalter durch die Galaxis". Interessanterweise hat man es in der IT mit intrin-

---

[1] http://en.wikipedia.org/wiki/Code_monkey

sisch motivierten Leuten zu tun. Doch durch falsches Management kann man auch sie früher oder später so zerhacken, dass jeder Funken Motivation verloren geht. Mit welcher Sicht auf die Menschen das geht, zeigt das Bild 7.2.

Bild 7.2: Um die bereits mehrfach verwendete Analogie mit den Affen zu vermeiden, wie wäre es damit: Viele Manager denken oder wünschen sich nach wie vor, ihre Mitarbeiter wären Roboter ... (Quelle: ©iStockphoto.com/mevans)

## Eine Hommage

Lieben Sie nicht auch diese ambitiösen Stellenanzeigen wie „Suche richtig gute So-und-so-Entwickler" oder „Suche motivierte Entwickler für So-und-so"? Sie sind absolut chancenlos. Warum? Weil sie davon ausgehen, dass einem gute, motivierte Leute fertig in den Schoß fallen, deswegen!

Welche Firma außer vielleicht Google kann heutzutage von sich behaupten, das Mekka für Entwickler zu sein? Keine, und selbst Google muss sich arg anstrengen, um diesen Status aufrechtzuerhalten. Es gehört sehr viel Arbeit dazu, das Firmenimage in der Öffentlichkeit so zu pflegen, dass Menschen bereits gut und motiviert zu einem kommen.

Alle anderen müssen nämlich diese Menschen überhaupt erst gut und motiviert machen. Und wenn Sie das bereits in der Stellenanzeige fordern, kriegen Sie keine solchen, sondern irgendwelche, die bereits unzufrieden kommen. Ja, ja, liebe Entwickler, die Wahrheit ist: Wenn man so etwas in der Anzeige liest, kann man Folgendes erwarten: „Suche richtig gute Entwickler" heißt nichts anderes, als dass der Durchschnitt schon sehr niedrig ist.

> Und „Suche motivierte Menschen" heißt, dass das Arbeitsklima richtig schlecht ist. Das ist die Wahrheit, sonst würde man so etwas gar nicht in die Anzeige schreiben. 5 Cent.

Aber die zarten menschlichen Saiten mal dahingestellt: Individualität muss geachtet und gefördert werden. Wenn die Individualität fehlt und/oder nicht gefördert wird, dann mag der Manager denken, dass jeder Mitarbeiter ersetzbar ist. Er kann sich aber auch nicht darauf verlassen. Warum? Weil Menschen in dem Wissen der eigenen Ersetzbarkeit aus schierer Angst anfangen, sich Nester zu bauen, sich an Stühle zu klammern, statt offen an der Zielerreichung zu arbeiten.

| Menschen hassen Ungewisses, sie brauchen Sicherheit. | Das mag hier etwas gewagt klingen, entstammt aber jahrelanger Beobachtung. In einer Unternehmenskultur, in der ständig die Angst herrscht, ersetzt zu werden, wollen die Menschen trotzdem Sicherheiten. Der |

Mensch hasst generell alles, was irgendwas Ungewisses birgt. Und das beste Mittel dagegen ist, sich künstliche Sicherheiten einzubauen. In Form von Nischen, Nestern, Klammern, Inseln. Noch nie gesehen? Seien Sie froh.

## Aus dem wahren Leben

In einem Projekt sollte eine ziemlich komplexe Plattform von einer veralteten Technologie auf eine moderne migriert werden. Der Befehl kam vom Topmanager, komplett am bestehenden Team vorbei. Er hat sich einfach daneben ein weiteres externes Team installiert und dieses mit viel Geheimniskrämerei losmarschieren lassen.

Das interne Team war schockiert. Sie haben ohnehin immer um die Arbeitsplätze gezittert, und nun das! Da sitzen zehn hoch bezahlte externe Mannen und wursteln vor sich hin, reden mit keinem, ersetzen ein Ding nach dem anderen, und man kann nichts dagegen machen.

Als es allerdings dazu kam, das neu hingestellte Etwas mit der alten Welt das erste Mal zu integrieren, wurde Kommunikation notwendig. Das externe Team agierte sehr überheblich, die Unterstützung des Topmanagements im Rücken. Da blockte das interne Team einfach total ab.

Wie ist es wohl ausgegangen? Nun, das externe Projekt wurde irgendwann gestoppt. Warum? Wegen Erfolglosigkeit. Das Topmanagement war einfach nicht in der Lage, selbst technisch für Integration zu sorgen, und keine Anweisungen haben das interne Team dazu bringen können, sich mit dem neuen Projekt zu integrieren. Sie hatten keine Dokumente, nie etwas zusammengeschrieben, das ganze Wissen war in den Köpfen, weil sie immer Angst um ihre Jobs hatten, daher konnte man nichts, aber auch gar nichts ohne sie tun, und sie wollten einfach nicht und haben bloß zu allem Nein gesagt.

Nach mehreren Anläufen war es vorbei. Das externe Team musste sogar Regress akzeptieren – weil *sie* versagt haben. Und die Moral? Nun, komplett kaputte Verhältnisse, nicht mehr und nicht weniger – zum einen. Und zum anderen komplettes Fehlverhalten des Managements auf breiter Front. Fehlendes Vertrauen in die eigenen Leute, Kultur der Angst um den Job, keine Motivation, daher Wissensinseln usw. usf.

*„Zwei Monologe, die sich gegenseitig immer und immer wieder*
*störend unterbrechen, nennt man Diskussion."*

*Charles Tschopp, Schweizer Schriftsteller*

# 8 Konversation von Angesicht zu Angesicht

Quelle: ©iStockphoto.com/herkisi

"The most efficient and effective method of conveying information to and within a development team is face-to-face conversation. "

„Die sowohl effektivste als auch effizienteste Methode, ein Entwicklerteam mit Informationen zu versorgen und diese im Team zu verbreiten, ist die Konversation von Angesicht zu Angesicht."

> **Im Chatroom**
>
> girly22: du, geht es dir nicht auch so wie mir? Dieses Tippen hier... Wir könnten doch unsere Beziehung auf eine neue, reale Ebene heben, oder?
>
> geek25: hui, hast du dir endlich 'ne Web-Cam gekauft?

Dieses Prinzip beschreibt die Kommunikation sowohl in ein Team hinein als auch die Kommunikation innerhalb des Teams zum Zwecke der Beförderung und des Austauschs von Informationen. Ohne Kommunikation kann kein Projekt funktionieren. Ohne Kommunikation kann grundsätzlich kein Vorhaben funktionieren, an dem Menschen beteiligt sind.

Etablieren Sie in Ihrem Team und in dessen unmittelbarer Außenwelt eine Kultur offener und direkter Kommunikation. Lassen Sie keine unnötigen, künstlichen Hürden in Form von Hierarchien oder Flaschenhälsen (engl. „bottlenecks") zu, suchen Sie zur Informationsbeschaffung oder Sachverhaltsklärung immer den direkten Weg. Erfinden und konstruieren Sie keine praxisfernen, dedizierten Kommunikationspunkte, sondern lassen Sie Menschen direkt miteinander reden. Selbst wenn sie es nicht wollen – sie müssen es im schlimmsten Fall lernen.

Akzeptieren Sie keine Ausreden von vermeintlich introvertierten Personen, die ruhige, kommunikationslose Ecken suchen, nicht an der Kommunikation teilzunehmen, sondern versuchen Sie, diese aus der Reserve zu locken, indem Sie sie bewusst, aber behutsam in Gespräche schicken und ihr Kommunikationsverhalten schrittweise fördern. Und kommunizieren Sie so offen und oft wie möglich nach außen – Außentransparenz ist für den Projekterfolg enorm wichtig.

## 8.1 Die Bedeutung

Kommunikation ist das A und O. Wir reden hier nicht davon, dass der Mensch ein Rudeltier ist und mit sich selbst in Interaktion steht (mit „mit sich selbst" ist hier gemeint, dass der Mensch mit anderen Menschen redet ... natürlich neigt der eine oder andere auch zu Selbstgesprächen). Wir reden von IT-Projekten, die ein geplantes Ziel haben und für dessen Erreichen die Beteiligten interagieren (müssen). Hier geht es darum, unsere natürliche Fähigkeit – Kommunikation – zur Erreichung der konkreten Ziele einzusetzen, und zwar in einem Team, das sich mehr oder weniger temporär zusammengefunden hat und in dem jeder den vielleicht völlig unterschiedlichen Charakter der anderen respektiert. Und das sollte eigentlich nicht schwer sein, oder?

Reden ist uns angeboren. Aber wie die Erfahrung zeigt, stellt die Kommunikation leider nicht selten eine extrem hohe Hürde dar, insbesondere in IT-Projekten. Dazu aber etwas später mehr. Zunächst gehen wir auf die Bedeutung und Grundlagen von Kommunikation ein.

> „Jeder Jeck[1] ist anders" – Kölner Redensart

## Kommunikation

Sie wissen es sicherlich schon. Aus richtiger Verdichtung purer Daten werden Informationen, aus dieser dann durch weitere Verdichtung letztendlich Wissen. Egal ob Sie nun von Daten, Information oder Wissen reden, bei Kommunikation geht es immer um die Übertragung einer Einheit, zur Vereinfachung gehen wir im weiteren Verlauf von einer „Information" aus. Neben der Übertragung von A nach B gibt es auch den Austausch einer Information zwischen drei oder mehr Beteiligten. Doch eins nach dem anderen.

Das Wort Übertragung suggeriert bereits, dass eine Distanz zwischen dem Sender und dem Empfänger der Information überwunden werden muss. Diese Distanz kann räumlicher und/oder zeitlicher Natur sein. Dabei ist es von Interesse, zwischen synchroner und asynchroner Kommunikation zu unterscheiden. Bei der synchronen Kommunikation stehen Sender und Empfänger in direkter Verbindung, zum Beispiel am Telefon oder vis-à-vis. Die Kommunikation geschieht dabei in Echtzeit. Bei der asynchronen Kommunikation gibt es eine zeitliche Verzögerung zwischen dem Senden der Nachricht, und dem Moment, in dem der Empfänger die Information tatsächlich erhält. Ein typisches Beispiel ist eine E-Mail.

Ein anderer Aspekt der Kommunikation ist der Austausch. Wo der Begriff Übertragung noch eher den physischen Vorgang und den Kanal, also den Kommunikationsweg, im Auge hat, betont der „Austausch", dass die Rollen des Senders und Empfängers während einer Kommunikation durchaus abwechseln (außer es handelt sich um einen Monolog). Der Wechsel kann explizit sein oder nur temporär und dekorativ in Form eines proaktiven Zuhörens, also beispielsweise durch Nachfragen Interesse zeigen und das Gespräch „am Laufen halten" oder einfach mal nicken. Das sollte man alleine schon deswegen machen, weil das regungslose Schweigen von vielen per se als Einverständnis interpretiert wird. Doch Vorsicht, dauerhaftes Nicken langweilt das Gegenüber und ist keine feine Etikette.

Ein weiterer interessanter Aspekt bei der Kommunikation ist die Unterscheidung zwischen verbaler und nonverbaler Kommunikation. Verbale Kommunikation funktioniert über Sprache. Dabei werden Laute ausgesprochen und finden das Ohr des Empfängers. Nonverbal wird es, wenn etwas „gesagt" wird, ohne den

---

[1] http://de.wikipedia.org/wiki/Jeck

Mund aufzumachen (und es geht hier nicht um Bauchredner). Was viele nicht wissen: Die nonverbale Kommunikation hat es in sich. Jeder kommuniziert, auch wenn er verbal nichts sagt. Diese nonverbale Kommunikation geschieht durch Gestik, Mimik, Körperhaltung usw. Interessant dabei ist, dass das menschliche Auge deutlich mehr Informationen aufnimmt und verarbeitet als jedes andere menschliche Organ, das Ohr eingeschlossen. Das hat zur Folge, dass Sie sich den Mund fusselig reden können: Wenn das äußerliche Erscheinungsbild nicht zum Gesagten passt oder es konterkariert, ist das Resultat negativ.

> **Selbstkongruenz: Das Gesagte sollte zur Wahrnehmung passen, um zu einem konsistenten Ganzen zu führen.**

Würden Sie beispielsweise einem Tagesschausprecher als seriös empfinden, wenn er Ihnen gelangweilt oder wild gestikulierend von der Weltpolitik berichtet?

Auch die erste Wahrnehmung, der erste Eindruck, den ein Mensch vermittelt, ist von Bedeutung. Er entscheidet über Antipathie oder Sympathie und bedient ein gewisses Schubladendenken. Schubladen? Ja, der Mensch versucht automatisch, Dinge und Personen einzuordnen, zu kategorisieren, wenn auch unbewusst, um anhand eigener Erfahrungen und angelegter Muster Ordnung in die komplexe Welt zu bekommen.

Doch was haben diese Grundlagen mit der Kommunikation im IT-Projekt zu tun? Wir sagen es Ihnen. Schlagen wir nun die Brücke zum IT-Projekt.

### Das IT-Projekt ist eine Familie

Den größten Teil der Wachzeit sind ITler im Projekt unterwegs. Das hat zur Folge, dass der Projektalltag Spaß machen sollte. Jeder Teilnehmer ist zunächst einmal daran interessiert, die Atmosphäre so angenehm wie möglich zu gestalten. Allein das ist schon Grund genug, nicht wie die Axt im Walde aufzutreten, sondern das Projekt wie eine große Familie zu verstehen. Diese Familie muss auch mal durch Tiefen gehen und den einen oder anderen Konflikt offen austragen. Das gehört dazu. Konflikte nicht offen auszutragen oder pathologisch und destruktiv zu handeln, gefährdet das Projekt. Es ist eine verbreitete Erkenntnis, dass die meisten Projekte an zwischenmenschlichen Herausforderungen scheitern und nicht an technischen. Insofern ist es elementar, stetig eine Win-Win[2]-Situation anzustreben, die die Bedürfnisse und Ziele des Gegenübers respektieren.

Kommunikation wird primär als kultureller Prozess verstanden, in dem Gemeinschaft entsteht und gepflegt wird. Das ist in IT-Projekten nicht anders. Sehen Sie sich das Gegenüber an. Ja, tatsächlich, das ist ein Mensch! Es macht also keinen Unterschied, ob Sie nun privat oder beruflich unterwegs sind, die Kommunikationsgrundlagen sind die gleichen. Viele weichen die Grenze zwischen beruflich und privat auf oder gestalten zumindest die Räumlichkeiten, wo gear-

---

[2] http://de.wikipedia.org/wiki/Win-win

beitet wird, flexibel. Dies ist übrigens ein Grund, warum der eine oder andere Vertrag auf dem Golfplatz oder das eine oder andere Problem beim Glas Bier behoben wird. Es muss nicht Alkohol sein. Auch eine Limo erfüllt den Zweck. Es geht nur darum, auch mal aus dem Kontext auszubrechen und in formloser Runde zueinanderzufinden. Für die Kommunikation und das Team ist das sehr wichtig.

Es können übrigens in beiden Fällen, also sowohl beruflich, als auch privat, unglückliche Kommunikationsdesaster zu ernsten Konsequenzen führen. Im Beruflichen ist es so, dass zur Vorbeugung von Spannungen und gescheiterten Projekten die Leute unter dem Deckmantel des Begriffs Soft-Skills gerne zu Kommunikationsseminaren geschickt werden. Ein Seminar „Grundlagen der Gesprächsführung" kann dem einen oder anderen auch ganz sicher sehr wertvolle Impulse liefern und das gemeinsame Kajakfahren (neben dem Kneipenbesuch eine weitere verbreitete Team-Building-Maßnahme) die Kommunikationsverklemmungen im Team lösen.

Auch wenn Reibung mal dazugehört: Wenn es mal warm wird, so ist es gewöhnlich die Nestwärme und nicht etwa Reibungshitze.

> Aufkommende Wärme sollte Nestwärme sein, nicht Reibungshitze.

### Nichts ersetzt persönliche Kommunikation

In IT-Projekten sollen gewöhnlich Anforderungen umgesetzt und Software bereitgestellt werden, das wissen Sie bereits. Die Anforderungen werden dabei (hoffentlich) dokumentiert. Die Anforderungsdokumentation bietet einen Weg, über die Anforderungen und somit auch über die Software zu kommunizieren. Agile Projekte setzen die Prioritäten ein klein wenig anders als traditionelle Projekte. Wo traditionelle Projekte eher über die Dokumentation reden und stetig Aufwand investieren, diese aktuell zu halten, sehen agile Projekte gewöhnlich Dokumentationen als Gedächtnisstütze und als Anker, um erneut und kontinuierlich über den Inhalt in Diskussion zu treten. So werden also beispielsweise schlanke User-Storys geschrieben, die ein Gesamtverständnis ermöglichen, die eigentliche Ausfüllung der Storys im Detail bleibt allerdings eine Sache der persönlichen Gespräche.

---

### Totschlagargument/Killerphrase[3]

A: „Was machst Du da, wie ist der Stand Deiner Arbeit?"

B: „Dazu sag' ich nichts, das ist noch nicht spruchreif."

---

[3] http://de.wikipedia.org/wiki/Totschlagargument

Im Übrigen gilt das nicht nur für Anforderungsdokumente. Beispielsweise werden auch Architekturdokumente[4] häufig als Kommunikationsvehikel angesehen. Auch sie sollen eine persönliche Kommunikation über das System ermöglichen, anstatt diese Kommunikation gänzlich ersetzen zu wollen. Ein weiteres Beispiel sind Tests. Agile Teams machen häufig gute Erfahrung damit, Tests als führende Spezifikation von Anwendungsfunktionalität anzusehen, die als Grundlage für Diskussionen dienen können.

> **Artefakttypen dienen als Gedächtnisstütze für Gespräche.**

Aber warum werden Artefakttypen wie Anforderungsdokumente primär als Gedächtnisstütze und als Kommunikationsmedium genutzt?

1. Agile Projekte gestehen die Unsicherheit ein, die mit der Antizipation der Zukunft verbunden ist. Ein schwergewichtiges, reichhaltiges Dokument ist schnell veraltet.

2. Eine persönliche Kommunikation ist viel besser geeignet, um über die Software zu reden.

Für dieses Prinzip ist der zweite Punkt natürlich interessanter. Warum ist die persönliche Kommunikation viel besser geeignet, um über Software zu reden? „Weil die zu diskutierenden und kommunizierenden Sachverhalte in der Regel komplex sind, werden auch komplexe, reichhaltige Kommunikationsmedien gewählt: direkte, persönliche Gespräche", heißt es dazu in der Wikipedia[5].

Zusammenfassend lässt sich festhalten, dass in IT-Projekten Kommunikation insbesondere deswegen elementar ist, weil sie der Problemlösung und dem Problemverständnis dient. Sogar schlimmer: Falsche Kommunikation ist der Anfang vom Ende.

Anhänger reichhaltiger Vorgehensmodelle werden anmerken: Wenn Kommunikation nicht vorhanden ist, dann hat man schlechte Karten, das Projekt erfolgreich zu Ende zu bringen. Und sie haben Recht.

## 8.2 Die Fehlinterpretationen

Generell lassen sich auch hier sehr gut die beiden Extreme erkennen: gar keine Kommunikation und Geschwätz. Und um diese Extreme herum wollen wir ein paar typische Beispiele anführen, die verdeutlichen, dass man mit der falschen Anwendung von Kommunikation in Projekten viel mehr kaputt machen kann, als man es im ersten Anlauf denken mag.

---

[4] Hier sind keine PowerPoint-Folien gemeint.
[5] http://de.wikipedia.org/wiki/Extreme_Programming

**Geschwätz**

Beginnen wir die Betrachtung der Fehlinterpretationen mit der drastischen Überbewertung von Kommunikation. Kommunikation ist zwar wichtig, aber bitte kein Geschwafel. Das betrifft beispielsweise Meetings, in denen sich die Hälfte der Teilnehmer langweilt und man zu keinen Ergebnissen kommt. Ja, zum Meeting müssen natürlich alle eingeladen werden, und im Meeting wird geplaudert, was das Zeug hält. Sehr effizient! Ironie beiseite, zu Meetings sollten natürlich nur Leute eingeladen werden, deren Anwesenheit dort wirklich erforderlich ist. Wenn Sie eingeladen werden und sich dort deplatziert fühlen, sagen Sie lieber ab. Für den Fall, dass Sie erst am Anfang des Meetings feststellen, dass Sie da nichts zu suchen haben (weil der Moderator hoffentlich spätestens zu Beginn eine Agenda aufzeigt, wenn er das bei der Einladung „vergessen" haben sollte), so entschuldigen Sie sich höflich und verlassen den Raum.

---

## Aus Bonbons werden Knallbonbons

Es ist eine tolle Sache, wenn Sie oder ein Kollege eine Tüte Bonbons auf den Tisch legen, um die Kommunikation im Team anzukurbeln. Grundsätzlich ist das eine ganz feine Idee. Jetzt kommt das „aber": Solche Aktionen sind nicht sinnvoll, wenn es immer nur wenige sind, die für alle die Süßigkeiten nachfüllen. Das hat eher was mit Parasitentum zu tun und weniger mit Team und „Geben und Nehmen". Lassen Sie es also lieber bleiben, wenn Sie merken, Sie sind der einzige, der da nachkippt. Das zweite „aber" sieht so aus: Das Angebot von Süßigkeiten kann auch unerwünschte Folgen haben. Plötzlich haben Sie täglich einige Stunden eine Parade im Büro, nur wegen den paar Süßigkeiten auf dem Tisch. Kollegen sehen das als wunderbare Ausrede, immer wieder ihre Arbeit zu unterbrechen. Von der anderen Seite aus betrachtet: Der Bonbon-Host ist vielleicht der faule Lenz, der gerne quasselt und nur darauf wartet, dass minütlich neue Kollegen mit ihm reden. Also auch hier: alles in Maßen.

---

Bild 8.1 stellt eine typische Meeting-Situation dar. So viele Meetings laufen nach einem festen Muster ab: Alle reden, keiner moderiert. Na ja, ein Moderator wäre da, aber statt zu moderieren, hält er sich gänzlich zurück, weil er nicht zwischen den kämpfenden Fronten zermahlen werden will – ein externer Projektleiter z.B., der eh keine Macht hat. Er sitzt einfach nur da und blinzelt unschuldig. Alle reden. Kämpfen. Werden persönlich. Bauen Stress ab. Das Meeting hat kein Resultat, aber was war das für eine Erleichterung für die Seele …! Und die Zeit bis zur Mittagspause ist auch schon um.

Bild 8.1: Wir schwafeln! (Quelle: ©iStockphoto.com/nano)

Das Problem betrifft aber auch „Schwafelrunden" außerhalb von Meetings. Natürlich ist es wünschenswert, auch mal einen Kontextwechsel einzulegen und eine aktive Pause[6] zu machen. Meistens ist es ja doch so, dass in Pausen über das Projekt gesprochen wird. Dennoch sollte diese Form von Kommunikation nicht übertrieben werden. Übertriebene Kommunikation ist es auch, wenn Sie jeden Ihrer Arbeitsschritte laut dokumentieren und Ihre Umwelt teilhaben lassen. Jedes Telefonat muss vom gesamten Flur mitgehört werden. Jeder Babyschritt muss bekanntgemacht werden. Reden ist gut, aber nehmen Sie Rücksicht auf andere.

**Kommunikation ist ein Spannungsfeld aus Sach- und Beziehungsebene.**

Ein Spannungsfeld ergibt sich aus der Verquickung der Sach- und Beziehungsebene. Direkte Kommunikation ist gut und schön. Wenn Sie allerdings unsachlich verläuft, dann wird das Ziel, nämlich eine kooperative Lösungsfindung, nicht erreicht. Das „Problem" dabei ist häufig, dass gerade bei größeren Projekten viele Menschen über längere Zeit interagieren. Es entsteht eine Projektkultur, die maßgeblich von der Firmenkultur sowie von den Projektteilnehmern geprägt wird. Haben einzelne Personen „schlechte Erfahrungen" gemacht oder stimmen Rahmenparameter nicht mehr, so wird das – schlimmstenfalls sehr unterbewusst oder verdeckt – die persönliche Kommunikation beeinflussen.

**Management hat Vorbildfunktion! Oder: Der Fisch stinkt vom Kopf her.**

Manchmal ist in diesem Zusammenhang auch ein Derivat des Gefangenendilemmas[7] zu beobachten. Wenn das Projekt über ein negatives Klima verfügt, so fahren Beteiligte manchmal

---

[6] Der Begriff kommt aus dem Sport. Bei einer aktiven Pause wird die Belastung nicht auf null heruntergefahren, sondern die Erholung bei deutlich geringerer Belastung angestrebt.
[7] http://de.wikipedia.org/wiki/Gefangenendilemma

besser, wenn sie sich destruktiv oder pathologisch verhalten. Kurz: Besser mitkläffen, als brav da sitzen und von den anderen zerrissen werden.

Geschwätz oder Geschwafel oder Gewäsch in jedweder Form müssen Sie rigoros, gar gnadenlos bekämpfen. Es gehört zwar viel Fingerspitzengefühl dazu, die Menschen nicht verkehrt abzuwürgen, aber mit genug Erfahrung und Souveränität ist diese Aufgabe zu meistern[8]. Die Leitwölfe im Projekt müssen Geschwätz unterbrechen, eine Kultur etablieren, bei der sich die Menschen beruflich nur über das Nötigste austauschen, in der z. B. *Fingerpointing* erst gar nicht aufkommt. Größere Abstimmungsrunden sollten gemieden und stattdessen immer die direkte Kommunikation bevorzugt werden, deren relevante Resultate aber wiederum an das Team in vereinbarter Form verteilt werden.

### Keine Kommunikation

Auch zu wenig ist im Grunde falsche Kommunikation. Das schon mal vorab. Und zweitens: Unserem IT-Berufsstand eilt nicht ganz unberechtigt der Ruf der Introvertiertheit voraus. Manchmal werden ITler sogar als Gnome bezeichnet, die sich freiwillig in dunkle Verliese verkriechen und mit niemandem reden wollen. Ein bekanntes Abziehbild ist der Programmierer, der im fensterlosen Keller stillschweigend seiner Arbeit nachgeht.

Leider entspricht das manchmal der Realität – in einer gewissen Form zumindest. Während viele Vertriebsvertreter (engl. „sales") und sonstige Vertreter der mehr oder weniger vermarktenden Berufe über Jahre in Kommunikation geschult wurden und Kommunikation als die Kerndisziplin ihres Jobs ansehen, war des ITlers einziger Freund sein Rechner. Ein Vertriebler lernt das Reden vom ersten Tag an. Er muss reden, er muss begeistern, er muss verkaufen. Aber auch der ITler muss etwas verkaufen, nämlich sich und seine Erzeugnisse.

Man darf hinterfragen, ob die Universitäten alles dafür tun, die natürlichen Kommunikationsfähigkeiten der Entwickler zu bilden und zu fördern (mit der Ausnah-

> Entwickler müssen sich und ihre Erzeugnisse verkaufen.

me vielleicht von der einen oder anderen Arbeitsgruppe und natürlich der Uni-Partys). Also bleiben diese Fähigkeiten auch verhältnismäßig unentwickelt. Sie sind aber nicht schlechter als bei jedem anderen Menschen auch – nur vielleicht etwas eingerostet. Deshalb müssen sie entwickelt werden. (Sie haben Recht: Häufig ist es auch bloß die fehlende Praxiserfahrung, also der große Unterschied zwischen dem, was an Unis gelehrt wird, und was in der Praxis gemacht wird.)

Und wir wollen an dieser Stelle gar nicht die häufige Kommunikationslosigkeit als Antimuster[9] der Entwickler betrachten, das wäre zu einfach. Uns geht es auch

---

[8] Auch über Moderationstechniken gibt es Seminare und Bücher.
[9] http://de.wikipedia.org/wiki/Anti-Pattern

um eine Botschaft an die Universitäten und Manager. Es ist nicht nur die Technik, sondern es sind auch die Soft-Skills, die eine sehr wichtige Rolle im Berufsleben spielen. Hört doch bitte auf, völlig unvorbereitete junge Leute in die Firmen zu schicken, die alles neu lernen müssen, weil sie nicht selten auf die Nase fallen.

OK, soviel zu diesem Thema. Nun zurück zu den Fehlinterpretationen. Ein weiteres Beispiel findet sich im Bild 8.2.

Bild 8.2: Mehr von meiner Sorte im Projekt, und wir haben den dB-Pegel im Projektzimmer auf null! Fragen gefällig? (Quelle: ©iStockphoto.com/pazzophoto)

## Aus dem wahren Leben

Es war einmal ein Projekt, in dem zur Erfüllung von Querschnittsaufgaben zwei uns bekannte Externe beauftragt waren. Sie saßen in einem Zweimannbüro zusammen. Anstatt nun zusammen und kooperativ an den Herausforderungen des Projekts zu arbeiten und schließlich einfach nur ihren Job zu machen, war jeder Tag ein Kommunikationsdesaster. Einer der beiden Externen (beide waren über verschiedene IT-Dienstleister ins Projekt gelangt das mag der Grund gewesen sein) sagte von morgens bis abends gar nichts. Der Kommunikationsaustausch verlief also nicht nur einseitig, ein „Austausch" fand praktisch nicht statt. Das war nicht nur sehr kontraproduktiv für das gesamte Projekt, dieses Verhalten war auch exemplarisch für die gesamte Projektatmosphäre. Unterschiedliche Cliquen agierten pathologisch. Obwohl die Leute räumlich eng zusammen saßen und es viel direkte Face-to-face-Kommunikation gab, war das Projekt zum Scheitern verurteilt. In regelmäßige Meetings gingen viele Leute hinein, und es kam wenig raus. Projektbeteiligte waren damit beschäftigt, andere schlecht darzustellen und sich selbst eine „saubere Aktenlage" zu verschaffen.

Eine andere Fehlinterpretation aus dem Bereich „keine Kommunikation" ist das Voranschreiten, das ausschließlich auf Entscheidungen aus persönlichen Gesprächen basiert. Das führt häufig zur Herausforderung, dass sich manche Dinge im Nachhinein schwer objektivieren lassen und es unterschiedliche Wahrnehmung gibt. Wenn Sie sich in einem persönlichen Gespräch über eine technische Lösung (in einem agilen Projekt kann das beispielsweise ein Ergebnis einer „Quick Design Scssion" sein) unterhalten oder das Verständnis über Anforderungen schärfen, stellen Sie sicher, dass das gemeinsame Verständnis in irgendeiner Form manifestiert wird. Das gemeinsame Verständnis ist dabei nicht das, was das Alpha-Tier oder der ScrumMaster oder wer auch immer abmoderiert, sondern das, was tatsächlich als gemeinsames Verständnis vorhanden ist.

Bei kleinen Arbeitspaketen kann auch die Umsetzung selbst Grundlage weiterer Kommunikation sein. Es muss keine Absicht sein, wenn Gesprächsteilnehmer mit verschiedenen Resultaten und Wahrnehmungen aus einem Gespräch gehen. Wenn Sie aber merken, dass Verbindlichkeiten so nicht geschaffen werden können oder es unüberbrückbare Diskrepanzen bei den unterschiedlichen Wahrnehmungen gibt, so werden Sie beispielsweise mit Gesprächsprotokollen arbeiten müssen.

> Sich nur auf die persönliche Wahrnehmung zu verlassen, reicht nicht aus!

## Aus dem wahren Leben

Im Rahmen eines Projekts mussten verschiedene Abteilungen einer Unternehmung interagieren. Es gab Dokumente, Qualitätssicherung und einen Prozess, wer was wann schreibt und macht. Alles wunderschön definiert, um bloß alles richtig und effizient zu machen. Nur leider war der Prozess nicht praxistauglich, und aufgrund diverser Fehlschläge entstand ein miserables Klima, das sich insbesondere durch ständiges Fingerpointing auszeichnete. Das ging primär vom Verhalten des Managements aus, das durch falsche Entscheidungen und Personalpolitik sowie pure Angst um den Job verbrannte Erde hinterließ. Und wer musste es ausbaden? Die Entwickler. So kam es, dass es zwar Dokumente gab, die die Software beschrieben, aber die beteiligten Entwickler nicht miteinander sprechen durften. Wurden zwei Entwickler redend vom Management im Flur erwischt, so gab es prompt Ärger, und sie mussten sich rechtfertigen, warum sie denn bitte mit dem anderen redeten. Sie erkennen, so kann das nichts werden. Wenn Kommunikation sogar verboten wird, so ist das der Anfang vom Ende.

Kritisch zu hinterfragen und eine potenzielle Quelle für Fehlinterpretationen ist die Kommunikation bei räumlicher Verteilung. Hier ist es von Natur aus schwierig, sich persönlich und direkt zu unterhalten. Da es häufig zu mehr Vertrauen und besserer Kooperation führt, wenn sich die Teilnehmer persönlich sehen, legen viele verteilte Teams Wert darauf, sich trotz der Verteilung in regelmäßigen Abständen persönlich zu treffen. In einigen Szenarien wie z.B. bei Near-Shore-Projekten, in denen die Entfernungen doch nicht so groß sind, funktioniert das noch ganz gut. Die Leute können alle paar Wochen anreisen und einen persönlichen Draht zueinander entwickeln. Nicht selten jedoch arten auch solche Projekte in Kommunikationslosigkeit aus, da die Regelmäßigkeit der direkten Kommunikation (also das sich tatsächlich gegenüber Sitzen ohne Skype und WebCams) fehlt.

> Plätschern tut das Wasser in Plätscherbach[10], aber doch bitte kein Projekt!

Die Haltung, die dann entsteht: „Die am anderen Ende" machen irgendwas, wir hier aber was anderes. Man stimmt sich zwar ab, doch es kommt kein Schwung ins Projekt, irgendwie plätschert es nur vor sich hin. Und unterm Strich: Für den Projektleiter gibt es doch nichts Schöneres, als dem Entwickler auch mal persönlich über die Schultern zu gucken, oder?

Ein weiterer Aspekt bei Kommunikation in verteilten Teams: Reden kann man sowieso nicht, weil man keine gemeinsame Sprache spricht. Und die können eh kein Deutsch. Und kein Englisch. Und es gibt verschiedene Zeitzonen.

Fragen Sie sich, woran so viele Outsourcing-Projekte scheiterten und man sie jetzt per Back-Sourcing zurückholt. An der Entfernung? Nein, am Mangel der Kontrolle, aber vor allem an der Kommunikationslosigkeit. Auf beiden Seiten übrigens. Ja, ja, auf beiden.

Eine bewusste Bezeichnung eines Teams als agil, auch wenn es über große Distanzen verteilt ist, z. B. beim Outsourcing, ist sicher kritisch zu hinterfragen. So etwas wie eine „Agile Softwarefabrik" oder „Agiles Outsourcing" ist eher ein Widerspruch in sich, mehr Fehlinterpretation als Patentrezept um erfolgreich Software zu entwickeln.

---

[10] http://de.wikipedia.org/wiki/Kleiner_Roter_Traktor

Der Ignoranz zuzuordnen sind Fälle, in denen ein Teammitglied bis zum nächsten größeren Meeting wartet, ehe es dort eine wichtige Information weitergibt. Anstatt direkt mit den Beteiligten an einer Lösung zu arbeiten oder diese Personen einfach zu informieren, wird bis zu einem passenden Ereignis gewartet: ein Meeting, an dem auch die Vorgesetzten teilnehmen, in dem die Information platziert werden kann, häufig damit verbunden, andere bloßzustellen oder aus einem Überraschungsvorteil zu schocken – auch wenn dies für das Projekt kontraproduktiv ist. Und das aus Spaß oder aus Bosheit oder einfach aus Gründen der Selbstprofilierung[11].

### Ein ausführliches, abschreckendes Gegenbeispiel

Es saß einmal ein, mit einem der beiden Autoren befreundeter Entwickler, vom Projektleiter als Externer zur Unterstützung angeheuert, mit dieser Projektleitung in einem Raum. Bis jetzt klingt das noch sehr „agil". Nun hat die Projektleitung allerdings Folgendes gemacht: Sie hat alleine mit anderen Technikern (anderen Abteilungen) über ihre Anforderungsideen und mögliche Umsetzungen gesprochen. Das Ergebnis dieser Besprechungen hat die Projektleitung auch selbst, in Personalunion, in ein technisches Konzept gegossen.

Das fachliche Konzept, insbesondere die Anforderungen an die zu entwickelnde Individualsoftware, hat die Projektleitung ebenfalls höchstpersönlich zu Papier gebracht, sehr eng verzahnt mit dem technischen DV-Konzept Das resultierende Fachkonzept glich allerdings eher einer Vision, da es keine objektiven, reproduzierbar messbaren Kriterien beinhaltete und viel zu grobkörnig war. Nun bekam der Entwickler die in der Version 1.0 (ohne Abstimmungen wohlgemerkt) von der Projektleitung fertig abgeschlossenen Fach- und DV-Konzepte mit der Bitte um Feedback auf den Tisch.

Das war allerdings eher eine Pro-forma-Frage. Sie sehen ja, die Dokumente waren alle fertig (Version 1.0). Da die Projektleitung über wenig Erfahrung im Bereich Projektmanagement verfügte und auch nicht in den Bereichen Anforderungsmanagement und Umsetzung (muss sie ja auch nicht, sie ist die Projektleitung und hat somit andere Aufgaben), ergaben sich viele Fragen, die der Entwickler auch stellte.

Die Projektleitung konnte viele der Fragen nicht beantworten, da beispielsweise Anforderungen unklar waren. Technische Lösungsvorgaben waren schlichtweg nicht umsetzbar oder inkonsistent.

Der Entwickler konnte mit diesen unzureichenden Vorgaben nicht arbeiten. In der ersten Iteration hat er es noch versucht und nach bestem Wissen und Gewissen die Vorgaben interpretiert und umgesetzt. Nachdem die Projektleitung sich

---

[11] „Mein Förmchen, Dein Förmchen"

das Ergebnis der Iteration anschaute, höchst unzufrieden damit war und ihre Kritik destruktiv äußerte, hat der Entwickler sein Vorgehen justiert (justieren müssen). Er wollte zunächst die offenen Fragen beantwortet haben, ehe er mit der Umsetzung begann. Da ihm niemand die Fragen beantworten konnte und es ihm zudem untersagt wurde, selbst mit den Wissensträgern (z.B. Techniker von anderen Abteilungen) zu reden, ergab sich eine Prozessverklemmung.

Die Projektleitung, die es natürlich komfortabel fand, den Entwickler ihre Aufgaben machen zu lassen, um dann das Ergebnis zu bewerten, versuchte nun, den Entwickler durch Druckaufbau zur Umsetzung zu zwingen. Da der Entwickler nicht nur sich selbst, sondern auch die Abteilung und das Projekt vor Irrwegen schützen wollte, blieb er standhaft. Diese Standhaftigkeit war ein Resultat seiner Souveränität und Professionalität. Was sich änderte, war das Klima. Die Projektleitung hat mit dem Entwickler, obwohl im selben Raum sitzend, nicht mehr gesprochen. Stattdessen gab es immer neue Versionen von unzureichenden Dokumenten, also quasi Version 1.0 mit Sternchen, die über Nacht zwecks Umsetzung auf den Tisch des Entwicklers gelegt wurden (bloß nicht drüber reden!) – und so weiter. Ein alles andere als konstruktives, zielorientiertes Projekt.

Und die Moral? Hören Sie auf die Techniker. Wenn sie sagen, es gebe offene Fragen, und sie könnten an einer Stelle die Umsetzung nicht abschließen oder gar starten, dann gehen Sie bitte davon aus, es gibt diese offenen Fragen wirklich. Wenn Sie diese Fragen nicht beantworten können oder wollen und auch nicht delegieren können, dann lassen Sie die Entwicklung gerne zunächst laufen, was in agilen Projekten nicht unüblich ist. Aber beschimpfen Sie die Entwickler anschließend nicht, dass das Ergebnis nicht mit Ihrer Erwartungshaltung übereinstimmt. Definieren Sie stattdessen Ihre Erwartungshaltung vorher.

Was sollten Sie noch mitnehmen? Schuster, bleib' bei deinem Leisten. Auch in agilen Projekten gibt es Rollentrennung und Verantwortlichkeiten. Falls Sie einen Projektleiter haben, dann sollte er zunächst mal dafür Sorge tragen, dass Projektumfang, Arbeitspakete und deren Abhängigkeiten sowie Ressourcen geplant sind. Und das alles muss natürlich kommuniziert werden.

Wie der Begriff „Projektmanagement" ausdrückt: Es muss gemanagt werden. So müssen Ressourcen geplant und Arbeiten mit ihren Ergebnissen und Risiken verfolgt werden. Identifizierte Risiken müssen eskaliert und gelöst werden. Ein Projektmanager wird gewöhnlich nicht in Personalunion ein Fachkonzept erstellen, ein technisches Design ableiten und die Umsetzung erledigen. Und vor allem: Kommunizieren Sie, hören Sie auf Ihr Gegenüber und kommen Sie um Himmels Willen nicht auf die Idee, Kommunikation zu verbieten.

*"However beautiful the strategy,*
*you should occasionally look at the results."*

Sir Winston Churchill

# 9 Funktionierende Software

Quelle: ©iStockphoto.com/kot2626

**"Working software is the primary measure of progress."**

**„Funktionierende Software ist das primäre Maß für den Fortschritt."**

> **Berühmter Filmdialog:**
> **Die Geldübergabe aus „The Big Lebowski"**
>
> Walter: Also, wir müssen nichts weiter tun, als sie zu befreien, dann hat niemand Grund, sich zu beschweren. Und wir behalten das Bakschisch.
>
> Dude: Umwerfend, Walter, sag mir, wie wir sie befreien. Wir wissen nicht mal, wo sie ist.
>
> Walter: Ist doch ganz simpel, Dude: bei der Geldübergabe schnappe ich mir einen von denen und prügele es aus ihm 'raus, hä?
>
> Dude: Hmm, das ist ein großartiger Plan, Walter, das ist ein verdammt genialer Plan. Den solltest du dir einrahmen. Der ist so genial wie die Schweizer Uhr.
>
> Walter: Ja, das ist es, Dude. Das Hübsche daran ist, dass es so einfach ist. Wenn dein Plan zu kompliziert ist, dann wird immer irgendwas schief gehen. Wenn es eines gibt, was ich in Vietnam gelernt habe, dann...
>
> Telefon: <tuuuut>
>
> Dude: Dude
>
> Nihilist: Ihr kommt jetzt gleich an eine Holzbrücke. Wenn ihr über diese Brücke fahrt, werft ihr die Tasche aus dem linken Fenster. Ihr werdet beobachtet!
>
> Dude: Mist.
>
> Walter: Was hat er gesagt? Wo ist die Übergabe?
>
> Dude: Es gibt keine verdammte Übergabe, Mann. An der Holzbrücke schmeißen wir das Geld aus dem Wagen.
>
> Walter: Hä?
>
> Dude: Wir schmeißen das Geld aus dem fahrenden Wagen.
>
> Walter: Das können wir nicht, Dude. Das vermasselt unseren Plan.
>
> Dude: Dann ruf' sie an und erkläre es ihnen, Walter. Dein Plan ist ja so simpel, dass sie ihn mit Sicherheit kapieren ...

Bei diesem Prinzip handelt es sich um die ultimative Wahrheit der Softwareentwicklung: Wenn Sie sehen wollen, wie weit die Entwicklung Ihres Programms fortgeschritten ist, schauen Sie darauf, was es tut, wie viel davon und was gewollt war, was funktioniert und wie gut es funktioniert. Das ist der einzige *Indikator des Fortschritts*. Alles andere ist nutzlos. Nur das, was der Benutzer sieht, anfassen bzw. ausprobieren kann, ist das Maß des Fortschritts der Entwicklung. Weder Diagramme noch Pläne oder Dokumente sind funktionsfähige Software – die Software selbst ist es.

Vertrauen Sie keinen Plänen und vergöttern Sie sie auch nicht, denn sie beinhalten nichts anderes als Lügen. Lügen gegenüber sich selbst oder dem Management oder sowohl als auch. Erheben Sie die Pläne auf keinen Fall zum unbeweglichen Kult, sondern konzentrieren Sie sich stattdessen darauf, das Produkt fertig zu stellen, und zwar mit den geforderten Qualitätsansprüchen. Denn am Ende des Tages wird der Kunde die Qualität der Software beurteilen, und nicht die religiöse Einhaltung des Plans – selbst wenn er im Verlauf des Projekts das Gegenteil behauptet.

Statt in tollen bunten Bildchen die Funktionsweise Ihrer Software zu erklären, zeigen Sie einfach, wie sie funktioniert. Statt z.B. als Architekt die Entwickler durch endlose Diagramme und Dokumente zu jagen, um Verständnis zu vermitteln, schreiben Sie das jeweilige Stück Code doch einfach selbst, denn in agilen Projekten ist der Architekt idealerweise ein programmierender Architekt, und zeigen Sie, was Sie konkret meinen. Dokumente und Diagramme sind Begleiterscheinungen von Software, nicht ihr Ersatz.

## 9.1 Die Bedeutung

Sehen wir uns doch mal an, wie Wikipedia „Software" definiert[1]:

> *„Software ist ein Sammelbegriff für die Gesamtheit ausführbarer Programme und die zugehörigen Daten. Sie dient dazu, Aufgaben zu erledigen, indem sie von einem Prozessor ausgewertet wird und so softwaregesteuerte Geräte, die einen Teil der Hardware bilden, in ihrer Arbeit beeinflusst."*

Im Kern handelt es sich also um ein Bündel ausführbarer Programme und deren Daten. Auch in der folgenden ausführlichen Beschreibung tauchen Begriffe wie Plan oder Diagramm nicht nennenswert auf, genauso wie die Dokumentation nur am Rande erwähnt wird, z.B. als Handbuch etc. Warum wohl?

Ganz einfach deswegen, weil nur die ausführbaren Programme und die dazugehörigen Daten tatsächlich nützliche Arbeit verrichten. Sie bieten dem Nutzer die Umsetzung bestimmter Funktionen an, die er sonst manuell mit höherem Aufwand und höherer Fehlerquote erledigen würde oder u.U. erst gar nicht verrichten könnte. Und alles, was es sonst so um die Software herum gibt, wie Handbücher, Skizzen, ursprüngliche Konzepte etc. treten in den Hintergrund bzw. werden ganz und gar unwichtig und implizit, gar selbstverständlich.

---

[1] http://de.wikipedia.org/wiki/Software

> Beim Blick auf den Plan langweilt sich der Kunde, beim Blick auf die Software strahlt er.

Was passierte, als Sie das letzte Mal versucht haben, dem Kunden die Funktionsweise der Software mithilfe von Skizzen und den Fortschritt mithilfe von Plänen zu erläutern? Haben Sie genau zugesehen, welche Reaktionen Sie hervorriefen? Machen Sie sich nichts vor – es war pure Langeweile bzw. später im Projekt das schiere Unverständnis und der starke Wille, Sie in gewisse empfindliche Regionen zu treten, nicht wahr?

Dagegen fangen die Augen der Kunden an, hell zu leuchten, wenn sie sehen, dass das Programm funktioniert, sie können es anfassen, damit spielen, sich dann effektiv und produktiv *einbringen*, indem sie auf die Unschönheiten hinweisen, wie kosmetisch diese auch sein mögen. Der primäre Grund für diesen Verhaltensunterschied ist die Tatsache, dass nur die funktionierende Software zählt, und nur ihr sieht man an, wie weit sie fortgeschritten ist und worin die eventuellen Probleme liegen.

Ach so, Sie merken vielleicht zu Recht an, es gäbe noch andere, emotionalere Gründe. Vor Marketing- und Kundenzufriedenheitsgesichtspunkten gibt es beispielsweise die Features, die als „Exciters" kategorisiert werden. Das sind die kleinen Funktionen, die funktional kaum eine Rolle spielen, aber den Spieltrieb oder die Augen des Kunden überproportional begeistern, und somit – logisch kaum erklärbar – die Kundenzufriedenheit dramatisch erhöhen. All das sind aber Dinge, die zur Software dazu gehören – ob funktional direkt erforderlich oder nur als Marketing-Goody. Und was gehört nicht dazu? Einiges – mal sehen, was das ist.

### Pläne

> Softwareentwicklung nach festem Plan hat gleiche Erfolgsaussichten und Ergebnisqualität, wie sie die Planwirtschaft hatte.

Als nach einem 70 Jahre langen Experiment die sowjetische Planwirtschaft endgültig den Bach hinunter sauste und die komplette Untauglichkeit dieser Wirtschaftsform glanzvoll unter Beweis stellte, sprach man bereits nicht mehr von der Stagnation, die man noch der rein kommunistischen Obrigkeit anhängte. Man sprach eben von der Untauglichkeit des Wirtschaftsmodells. Aber was hat das denn mit der Softwareentwicklung zu tun?

Viel. In der sowjetischen Wirtschaft wurde gnadenlos mit geschönten Erfolgszahlen jongliert, ohne dass dahinter tatsächliche Ergebnisse standen. Der ungebrochene Wille, (neben einer unausrottbaren Korruption und Vetternwirtschaft) dem Westen unbedingt zu zeigen, dass man es auf pseudo-sozialistische Art auch kann, und der starke Experimentiergeist eines Tierforschers, der endlich zu Menschenversuchen zugelassen wurde, haben am Ende einen Ruin verursacht, aus dem die ehemaligen Sowjetrepubliken wohl auch noch in 50 Jahren nicht ganz herauskommen werden.

Und jetzt stellen Sie sich vor, es ginge bei diesem Sachverhalt um die Software-entwicklung. Die restlose Vergötterung eines illusorischen Plans, die Aufrechter-haltung der Fassade der frühzeitigen Fertigstellung, der Pfusch, der nach außen als Fortschritt und Erfolg verkauft wird, das völlig planlose Zusammenstöpseln nicht qualitativer Einzelteile zu einem noch weniger qualitativen Etwas, nur, um der Zementplanung gerecht zu werden. Funktioniert das? Was für eine rhetorische Frage.

Wie schon D.D. Eisenhower sagte: „Pläne sind nichts, Planung ist alles." Es handelt sich bei den fertigen Plänen um nichts anderes als einen Schnappschuss der aktuellen Sicht der Lage, der bereits morgen aufgrund der Fremdeinwirkung gnadenlos veraltet sein kann. Der Prozess der Planung ist übrigens für die Selbstorganisation wichtig, hat aber in diesem Kapitel weniger Bedeutung – dazu können Sie mehr in den Kapiteln 5 und 10 nachlesen.

Der Fortschritt eines Entwicklungsprojektes ändert sich nicht, wenn das rote Pfeilchen sich einen Schritt nach vorne bewegt hat, das auf der Plantafel die aktuelle Position anzeigt. Der Fortschritt ändert sich erst dann, wenn man den potenziellen Nutzer mit einer neuen, *fertigen* Funktion beglückt. Die Rede ist klar von steigendem, an den Kunden geliefertem Mehrwert, von dem in Kapitel 3 die Rede ist.

### Diagramme

In der realen Welt sagt man, dass ein Bild mehr als tausend Worte sagt. In der IT denkt man weiter: Ein Build[2] sagt mehr als tausend Bilder[3]. Das ist die Diskrepanz zwischen

> Ein Build sagt mehr als tausend Bilder.

dem, was unsere Wahrnehmung am besten findet, und dem, was ein Computer am effizientesten verarbeiten kann.

Alle bisherigen Versuche, Bilder ausführbar – wie Programme – zu machen, kann man getrost als gescheitert erklären, zumindest auf einer Ebene, auf der das direkte Coding als obsolet angesehen werden kann. In einem akademischen Labor mag das mal funktioniert haben oder die Prozessskizzen kann man auf oberster Ebene zu ausführbaren Einheiten zusammenfassen. Aber dahinter muss immer noch per Hand geschriebener Code stecken. Zu denken, man kann über Grafik tatsächlich ausführbaren Code generieren, ganz ohne diesen zu schreiben, ist etwas blauäugig. Aber nachdem dieses Buch sich weniger auf die technischen Aspekte konzentriert, wollen wir diese Diskussion an dieser Stelle auch nicht weiter vertiefen.

---

[2] http://de.wikipedia.org/wiki/Build
[3] P. Baron, Pragmatische IT-Architektur, 2009 Software & Support

Bild 9.1: Das perfekte, vor allem lauffähige Programm?
(Quelle: ©iStockphoto.com/kr7ysztof)

> **Weder Diagramme noch Dokumentation setzen Kundenwünsche um. Nur die Software tut es.**

Ein Diagramm ist kein Programm, sondern höchstens dessen Skizze. Was absolut logisch klingt, muss leider ab und zu explizit betont werden. Auch die vielen Dokumentationsseiten sind kein Programm. Sie sind, je nach Art und Umfang, mal mehr oder weniger notwendig, um eine Software zu begleiten, sie verständlicher zu machen, aber es bleibt immer noch dabei: Nur die Software kann zeigen, wie weit sie fortgeschritten ist.

### Done

Was ist die richtige Definition von „fertig" (engl. „definition of done")? Es wird sehr heiß darüber diskutiert, und offensichtlich haben unterschiedliche Menschen unterschiedliche Auffassungen. Dabei übersieht man eigentlich das, was uns, die Softwareentwickler, schon immer getrieben hat bzw. was uns eigentlich beruflich in die Wiege hätte gelegt werden sollen.

> **Fertig ist es, wenn es tut, was es tun soll.**

Nämlich: Fertig ist es, wenn es tut, was es tun soll. Was gibt es da zu diskutieren? Weitere Diskussionen riechen stark nach Selbstzweck und nach einem Aus-den-Fingern-Saugen von Themen, wo es keine gibt. Die oberste Prämisse der Softwareentwicklung ist es, funktionierende Software herzustellen und zu liefern. Vorgänge wie Designen, Kompilieren, Integrieren und (oh wie wahr) auch Testen interessieren nur den Techniker, nicht aber den Kunden (gut, sofern dieser nicht selbst Techniker ist, wir reden aber klar von nicht-technischen Projekten).

Die einzige „Definition of Done" in der Softwareentwicklung ist die Software selbst, entwickelt gemäß den Kundenwünschen, den kurz-, mittel- und langfristigen. Ob diese Wünsche explizit geäußert oder mithilfe der Erfahrung des Entwicklers dem Kunden aus der Nase gezogen wurden, spielt dabei keine Rolle. Fertig ist es, wenn es fertig ist. Basta.

Aber: Software an sich ist niemals fertig. Und hier haben wir bereits den größten Wahnsinn, der die Diskussionen anheizt und niemanden zur Ruhe kommen lässt. Wie kann man denn nun sagen, wann Software *fertig* ist? Die

> „Zwischen-fertig"-Stände machen den Kunden regelmäßig „zwischen-zufrieden".

Antwort ist: in ihrer Gesamtheit gar nicht. Die Agilität lehrt uns, Software als Produkt anzusehen, nicht als zeitlich begrenztes Projekt. Als eine Never-ending-Story, im positiven Sinne aber. Genau deswegen arbeitet man in der agilen Softwareentwicklung ja auch mit Iterationen und Inkrementen, die Mehrwert erzeugen (siehe Kapitel 3 und 5). Und der Reifegrad eines jeden Zwischenstandes kann und wird durchaus vom Endziel abweichen. Dafür gibt es aber zwischendurch mal ein „zwischen-fertig", was den Kunden „zwischen-zufrieden" macht. Dafür steht die agile Softwareentwicklung ein.

Es ist wichtig, die Kundenwünsche in kleinere Häppchen zu schneiden (Features, Storys oder was auch immer) und diese zur Messung des Fortschrittes zu nutzen. Das gesamte Produkt eignet sich dafür nicht, denn es ist ja niemals fertig. Nur zu gut sollten Entwickler wissen, dass das Leben der Software mit dem ersten Release überhaupt erst beginnt.

Die aus den besagten kleinen Happen bestehenden lauffähigen „Features" werden gewöhnlich mit einer soliden Testabdeckung ausgeliefert. Puristen fordern hier eine Testabdeckung gegen 100 %. Wir sehen hier eher einen pragmatischen Mittelweg als Optimum. Entscheidend ist, was tatsächlich Mehrwert bringt oder was eher akademischer Natur ist. Hat man sich einmal auf einen Satz bzw. eine optimale Testabdeckung geeinigt, so sollten diese Tests auch bei einer Bereitstellung der Software an den Kunden fehlerfrei durchlaufen. Und mit „fehlerfrei durchlaufen" ist natürlich nicht gemeint, die Tests laufen an sich durch, sondern das Ergebnis der Tests liefert keine Fehler, also Testfehlschläge. Und irgendwann, wenn Sie das Glänzen in den Augen des Kunden gesehen haben, weil er mit Ihrer Arbeit zufrieden ist, wissen Sie: Sie sind „zwischen-fertig".

## 9.2    Die Fehlinterpretationen

Gerade zu diesem Prinzip fallen einem Unmengen von Fehlinterpretationen ein, und viele von ihnen hat man schon selbst erlebt. Wir haben uns für zwei der schädlichsten entschieden, um zu zeigen, wie sehr die Softwareentwicklung als solche missverstanden oder falsch „verkauft" wird und warum uns die Agilität gerade an diesen Stellen so viel bringen kann. Diese Fehlinterpretationen sind der Modellierungswahn und die Augenwischerei.

### Modellierungswahn

| |
|---|
| Design der Software sind nicht die Skizzen und Modelle, es ist der lauffähige Code. |

Was ist eigentlich Design? Bitte, ganz ohne Hilfestellung: Ist es eine Darstellung in einem Bündel Skizzen oder ist es die codetechnische Basis, das Fundament, auf dem die ganze Softwarelösung basiert? Beantworten Sie sich diese Frage ganz spontan. Und dann lesen Sie diese Antwort: Das Bündel Skizzen ist das (elektronische) Papier nicht wert, auf dem sie gezeichnet sind. Was zählt, ist die funktionierende Software.

In so vielen Unternehmen wird die Softwareentwicklung regelrecht absichtlich verlangsamt, um dem Modellierungswahn gerecht zu werden. Hier regieren Diagramme, Architekturdokumentationen und Prozessbeschreibungen. Jeder hat so viel Abstand zu den „niederen" Aspekten der Entwicklung, dass nur noch Skizzen von A nach B wandern und am Ende als Resultat aufgefasst werden. Dann, wenn es doch noch gemacht werden muss, ist das Geld knapp bzw. sind die Architekten nicht imstande zu entwickeln, und man holt sich Billigkräfte dazu, um die Lösung zu entwickeln.

### Aus dem wahren Leben

Als es darum ging, den IT-Betrieb zu einem anderen Unternehmen auszulagern, begannen die beiden Partner die Pflichtenheftphase. Die beiden Unternehmen trauten sich nicht über den Weg, mussten aber durch gewisse Zwänge zusammenarbeiten. Und es ging ja auch nicht um mehr als nur um die Auslagerung einer ziemlich langweiligen Web-Plattform mit einer Datenbank dahinter …

Aber zunächst traten Modelle in den Vordergrund. Man verbrachte mehrere Monate, um eine Architekturskizze anzufertigen, und diese enthielt nicht einmal Richtungspfeile für Datenflüsse und Zugriffe. Danach kamen ARIS und Prozessdokumentation. Und das war nur der Anfang, denn die ganzen Modelle und Konzepte hätten zunächst Architektur- und Security-Gremien

> absegnen müssen, die aber nicht mitwirkten, sondern nur brav warteten, bis sie was zum Auswerten bekamen.
>
> Nach 2,5 Jahren war es vollbracht: Die Umsetzung konnte starten. Aber ... sämtliche Key-Player waren weg, die geplante Hardware wurde bereits aus der Wartung genommen und man brauchte neue, die Middleware hat sich geändert, da ein Großer den anderen aufgekauft hat und, und, und. Endlose Angelegenheit, ohne dass dabei auch nur eine produktive Tat erfolgte.
>
> Was soll man sagen ... zum Schluss blieb der Betrieb da, wo er war, und mehrere Millionen Euro wurden einfach in den Sand gesetzt – oder mit bestimmten Körperteilen dort hineingedrückt.

Die Selbstzweckdiagramme und -dokumente werden einem dabei einfach mal so vor die Füße geworfen und nicht weiter erläutert – es steht ja schon alles drin in den Modellen, es ist ja schon so viel Zeit investiert worden, um diese zu erstellen, sodass sie sich selbst erklären müssten.

Aber wissen Sie was? Nix da! Zum einen sind etliche Modelle und Skizzen einfach nur sinnloses Papier, denn in der Zeit ihrer Entstehung haben sich die Anforderungen bereits zwanzigmal geändert. Die Umgebung hat sich geändert. Und außerdem sprechen die vermeintlich günstigen Osteuropäer selten gut Englisch, also missverstehen sie Konzepte völlig oder ignorieren sie einfach, nur, um das Resultat in-time zu liefern. Und zudem ist eh niemand bereit, die Diagramme am Leben zu halten, also veralten sie bereits am zweiten Tag. Und, und, und. Dabei klopfen sich die oberen Etagen die ganze Zeit auf die Schulter und lassen sich davon blenden, wie toll die Konzepte und wie weit die Vorhaben schon fortgeschritten sind, wenn die Dokumentationen vollständig erstellt sind und die Modelle attraktiv glänzen und einem das Gefühl der Tollheit vermitteln (die schlauen Manager von heute fallen übrigens auf diese Blendaktionen überhaupt nicht herein, und das ist auch ganz gut so). Und es bleibt halt dann nur noch umzusetzen. So eine Kleinigkeit aber auch.

Was sich wie ein übler Albtraum anhört, kann überall passieren. Passiert leider auch ab und zu. Und immer wieder hört man davon, dass Projektteams vor lauter Modellierung die eigentliche Aufgabe aus dem Fokus verlieren: die Erstellung funktionierender Software. Dafür werden wir bezahlt. Wenn uns ein modellgetriebener Ansatz dabei unterstützt, diese Software z.B. günstiger zu produzieren, z.B. durch Fehlerminimierung bei Wiederholungsarbeiten, durch Produktlinienansatz etc., dann ist er absolut willkommen. Wenn wir Modelle dazu nutzen, mit dem Kunden die Lösung zu besprechen, dann sind die Modelle absolut willkommen.

Wenn uns die Modelle als Selbstzweck im Wege stehen, brauchen wir sie nicht, selbst wenn wir gelernt haben, dass sie gut sind. Auch hier gilt: Gehirn einschalten und mitarbeiten lassen.

**Augenwischerei**

Augenwischerei ist ein einfacher, aber meist geduldeter unternehmensinterner Betrug. Dabei wird im Plan ständiger Fortschritt signalisiert, Dinge als abgeschlossen gemeldet etc., ohne dass da wirklich viel Wahrheit dahinter steckt. Stattdessen herrscht dahinter völliges Chaos, wildestes Dübeln und nur noch das Auf-Zeit-spielen.

Bild 9.2: Lieben Sie es nicht auch, wenn man Ihnen solche Schilder für elenden Ramsch vor die Nase hält? Oder tun Sie es sogar selbst? (Quelle: ©iStockphoto.com/zorani)

### Aus dem wahren Leben

Ein guter Freund erzählte mal von seiner Erfahrung mit dem Outsourcing nach Indien. Damals, in den Anfängen, überließ man die Offshorer sich selbst und managte sie kaum von Europa aus, was am Ende zum völligen Zusammenbruch des Modells führte und ganze Firmen hervorbrachte, die sich auf das Backsourcing spezialisierten.

Also, eine große Entwicklung ging nach Indien. Monatelang berichtete der indische Lead-Developer von Erfolgen und warf niemals ein Problem auf, niemals meldete er einen Bedarf an oder Ähnliches. Bei allen Projektfragen strahlte er Zuversicht aus oder wirkte einfach nur souverän (kommt wahrscheinlich von der mentalen Ruhe).

Und als es darum ging, endlich fertig zu werden, sagte er einfach, sie würden es nicht rechtzeitig schaffen. Und auf die Fragen, wann sie nun fertig wären, antwortete er nur mit telefonischem Schulterzucken. Was? Ja, ja, pure Wahrheit!

Das mag in der Mentalität liegen, ist aber an dieser Stelle völlig egal. Wichtig ist nur, dass das Vorhaben um zwei Jahre überzogen wurde und es am Ende niemanden mehr interessierte, ob es fertig wird – man hatte das Geld bereits beerdigt und eine Alternative gefunden. Klingt doch toll und effizient, oder?

Augenwischerei ist leider sehr weit verbreitet. Es ist viel leichter, im Lenkungsausschuss mit dem Zeigefinger den Planverlauf zu verfolgen, als ihn tatsächlich in die Tat umzusetzen oder noch besser: ihn zu vergessen und sich voll

> **Management nach Plan ist Augenwischerei**

und ganz auf das Wesentliche zu konzentrieren – das praktische Resultat. Das erfordert eine Menge Arbeit und Können, und dieses fehlt aber dem betroffenen Management nahezu komplett. Also bleiben sie beim Verfolgen des Plans und machen den unterstehenden Manager zur Sau, der den Plan nicht befolgt.

Noch schlimmer wird es, wenn dieser Manager anfängt, von Problemen zu berichten. Das sind nicht die Probleme des Lenkungsausschusses, sondern seine! Er kann den Plan nicht einhalten. Und der Plan ist in Stein gemeißelt. Koste es, was es wolle, das Projekt muss dann und dann fertig sein. Wenn nicht, ist der Kopf dran. Ganz einfach. Tolle Voraussetzungen, um erfolgreich Software zu entwickeln.

Und unter solchen Voraussetzungen entsteht die Fassade des Fortschritts, die in der Bewegung des Positionsmarkers auf der Planskizze mündet, jedoch mit chaotischstem Tun im Hintergrund, nur um diesen Plan halbwegs einzuhalten. Es wird ganz klar Augenwischerei betrieben. Und man muss es an dieser Stelle nicht wirklich mit vielen Worten beschreiben, zu welchem Eklat es kommt, wenn Resultate vorzuzeigen sind. Eine Weile lang funktioniert die Fassade zwar schon, aber irgendwann fällt sie in sich zusammen. Wenn der arme Manager Glück hat, überlebt er die obere Riege, was aber seinem Projekt nichts nützen wird – die nächste obere Riege wird ihn sehr hart zur Rede stellen und ihm keine Bonuspunkte geben. Eine Zwickmühle.

*„Aber das tu' ich ja schon jetzt,"* sagt der Fischer, *„ich sitze beruhigt am Hafen und döse, nur Ihr Klicken hat mich dabei gestört."*

Aus: Heinrich Böll, *„Anekdote zur Senkung der Arbeitsmoral"*

# 10 Nachhaltige Geschwindigkeit

Quelle: ©iStockphoto.com/P_Wei

"Agile processes promote sustainable development. The sponsors, developers, and users should be able to maintain a constant pace indefinitely."

„Agile Prozesse erfordern eine gleichmäßige und nachhaltige Entwicklung. Das Team soll in die Lage versetzt werden, zu jeder Zeit eine konstante Geschwindigkeit aufrechtzuerhalten."

## Eine mathematische Aufgabe

Von Punkt A fährt ein Zug mit 120 km/h in Richtung Punkt B. Zur gleichen Zeit fährt von Punkt B in Richtung A ein Zug mit 160 km/h. Frage: Warum ist der zweite Zug losgefahren, wenn es nur ein einziges Gleis gibt?

Dieses Prinzip beschäftigt sich mit der Arbeitsgeschwindigkeit des gesamten Teams bzw. aller mit der Softwareentwicklung in Berührung kommenden Rollen, bestehend u.a. aus dem das Projekt finanzierenden Sponsor, den Benutzern und Entwicklern. Agile Teams sollen eine nachhaltige Geschwindigkeit dauerhaft aufrechterhalten.

Etablieren Sie eine konstante Arbeitsgeschwindigkeit, die sich möglichst unverändert während der gesamten Projektlaufzeit hält. Dies bedeutet nicht, dass diese Geschwindigkeit übermäßig hoch sein muss oder übermäßig gering, sondern lediglich, dass sie dem Kontext und dem machbaren Tempo aller Beteiligten entspricht und zu einer gleich verteilten, gesunden Belastung führt.

Lassen Sie keine Hänger und keine unbegründeten Ruhepausen zu (ein angemessener Kontextwechsel, um einfach mal den Kopf freizukriegen, oder eine Nichtraucherpause sind *begründete* Ruhepausen), denn diese passieren nur zu schnell. Lassen Sie auch keine künstlichen Hetzläufe zu, die beispielsweise aus dem Willen des Managements resultieren, ein bisschen mehr Action zu sehen, manchmal sogar um durch hektische Betriebsamkeit deren Planlosigkeit und allgemeine Langeweile zu überdecken. Schützen Sie Ihr Team vor unnötigen externen Beschleunigern und Bremsern und sorgen Sie für gleichmäßige „Spritverteilung".

## Projektweisheiten und Rechnerei

„Wenn wir eine nachhaltige Geschwindigkeit von 45 Wochenstunden halten, im Gegensatz zu 40 Stunden, liefert uns das unterm Strich einen weiteren Entwicklungsmonat im Jahr." -- " ... und wenn uns der Tag nicht reicht, machen wir 25 Stunden daraus, indem wir die Mittagspause dazunehmen."

## 10.1 Die Bedeutung

Die Entwicklung soll in einer nachhaltigen Geschwindigkeit vonstattengehen. Es ist nicht ganz einfach zu definieren, was eine nachhaltige Geschwindigkeit ausmacht. Bewusst ist hier nämlich nicht die Rede von einer 36-, 40- oder 45-Stunden-Woche. Eine solche, absolute Wochenzahl kann sicher nicht allgemeingültig proklamiert werden. Eine nachhaltige Geschwindigkeit zeichnet sich insbesondere dadurch aus, dass das Team kreativ und ausgeglichen arbeitet, um möglichst viel in der gegebenen Zeit zu schaffen, bei dauerhafter mentaler und körperlicher Gesundheit. Viel schaffen in wenig Zeit? Richtig, hier ist von der „Produktivität" die Rede, die Ausbringungsmenge geteilt durch Einsatzmenge.

Softwareentwicklung ist eine sehr komplexe Angelegenheit. Viele Versuche scheitern, die Entwicklung als fabriknahen Prozess zu automatisieren. Vielmehr ist Softwareentwicklung eine Symbiose aus ingenieursmäßiger

> Wenn es mal hektisch wird: einfach 10 Kniebeugen machen. Das entspannt.

Disziplin und kreativem Prozess. Insbesondere letzterer Anteil suggeriert bereits: Die Ausbringungsmenge skaliert nicht beliebig. Mit anderen Worten: Auch mit Hauruckaktionen, Druck und vielen Dingen mehr lässt sich die Ausbringungsmenge nicht beliebig erhöhen (sie lässt sich mit Druck allerdings wunderbar reduzieren). Ganz im Gegenteil gibt es einen natürlichen Grenzwert, nach dessen Überschreitung diese Menge sogar sinkt.

> ### Sonnenbrille auf: Blendgranaten!!
>
> Nicht selten werfen die pathologisch handelnden Projektteilnehmer die größten Blendgranaten, um von sich selbst und den eigenen Fehlern abzulenken und andere zu diskreditieren.

### Entschleunigung oder: Wie komme ich zu vernünftigen Zahlen?

Es ist häufig eine Verkettung von Wechselwirkungen, die ein Projekt dahinraffen können. Doch wie macht man es richtig? Es gibt viele Ansatzpunkte. Falls Sie feststellen, dass Sie bzw. das Projekt „over-pacen", dann „entschleunigen" (Neudeutsch für „Tempo herausnehmen") Sie! Das kann im Mikrokosmos damit anfangen, den Bleistift einfach mal beiseite zu legen und eine Pause zu machen. Ja, Sie haben Recht. Nichtraucher werden teilweise benachteiligt, denn Raucher machen diese Pausen regelmäßig.

Im größeren Kontext geht es aber um die Bestätigung (engl. „commitments") und Identifikation von Aktivitäten, die das Team in der geplanten Zeit umsetzen will. Nicht selten wird bei einer Planung von einem Schönwetterflug ausgegangen. Der Durchsatz beim Schönwetterflug ergibt sich aus der Bruttoarbeitsleistung, wobei keine Risiken eintreten und keiner krank wird. Und wann machen wir Urlaub? Alle Unwägbarkeiten bleiben unberücksichtigt.

**Agile Projekte verhindern unrealistische Liefertermine.**

Der Ratschlag ist also: Planen Sie defensiv bzw. realistisch. Der mündige Entwickler macht das sowieso. Spätestens, wenn er das dritte Mal aufgelaufen ist, plant er den notwendigen Puffer ein. Auch der mündige Projektleiter weiß die Schätzungen seiner Leute einzuordnen. Gerne schlägt er direkt mal den Faktor 1,x auf, um an realistische Daten zu kommen. Agile Teams erheben ihren Realdurchsatz selbst, und zwar anhand von realen Werten aus der Vergangenheit, die nicht vom Reißbrett stammen. Sie reichern Expertenschätzungen an mit dem Mittel, im Team abzuschätzen.

Dabei kann im Rahmen eines Abschätzungs-Meetings zunächst anonym eine Abschätzung gegeben werden. Nach Offenlegung aller Expertenschätzungen „rechtfertigen" sich die Ausreißer nach oben und unten, und das Team diskutiert über den Aufwand. Anschließend kann es eine zweite Schätzrunde geben. Vorteile dieses Vorgehens: Gleichverteilung von Wissen und Schätzungswerten, Konkretisierung der Anforderungen und Verständnisgewinnung durch Diskussion sowie Commitment im Team (das ganze Team trägt schließlich die final abgestimmte Aufwandsabschätzung).

Jetzt zum sogenannten Puffer. Puffer heißt natürlich nicht, dass Sie sich ab Dienstag eine angenehme Woche gönnen, da Sie bereits Montagabend das anvisierte Wochenpensum erreicht haben. Puffer heißt: Neben Risiken kalkulieren Sie auch Aufwände für Tests und Bugfixings ein sowie für unberechenbare Geschehnisse.

Bedenken Sie dabei: In agilen Projekten ist ein Code-Review oder ein Test als ausschließlich dedizierte Aktivität unüblich. Stattdessen gibt es inhärente, also implizite Review-Aktivitäten wie Pair Programming oder eben automatische Tests und Audits. Diese Aktivitäten werden direkt mit in die originäre Aufwandsschätzung eingeflochten, um zu zwei Ergebnissen zu kommen. Das erste Ergebnis ist die Software, die in hoher Qualität bereitgestellt werden kann. Das zweite Ergebnis sind die realistischen Aufwandsschätzungen, die Verlässlichkeit, Realität, Planbarkeit und Messbarkeit schaffen.

Wie ist das Verhältnis zwischen nachhaltiger Geschwindigkeit und Überstunden? Schließt sich das gegenseitig aus? Nein, sicher nicht, manchmal mag es notwendig sein, Überstunden zu machen. Es wäre wirklich realitätsfern zu behaupten, ein agiles Team lässt jeden Tag um Punkt 17.00 Uhr gemeinschaftlich das Geodreieck fallen. Überstunden müssen jedoch im Rahmen bleiben, und sie müssen vom ganzen Team getragen werden. Gehen sie auf Kosten einzelner (der Projektleiter drückt den Entwicklern noch rasch die Nachtschicht auf, bevor er sich um halb drei am Pool niederlässt), so ist Frust vorprogrammiert. Also besser: alle Mann in einem Boot.

Wenn Überstunden ein vielleicht sogar regelmäßiges Mittel sind, um viel zu sportliche Zieltermine zu halten, ist die Abwärtsspirale bereits im vollen Gange.

## Aus dem wahren Leben

Kennen Sie nicht solche Fälle, wo Überstunden oder Wochenendarbeiten nur dazu dienen, Augenwischerei zu betreiben? An sich, wenn man es ganz genau nimmt, sind sie ganz und gar nicht notwendig, weil sie keiner explizit verlangt, denn die dort erbrachte Arbeit kann auch unter der Woche vor sich hinplätschern? Aber warum werden sie denn geschoben? Aus ganz einfachem Grund: sie werden extra bezahlt. Einfach, nicht? Den Rest reimen Sie sich selbst zusammen.

Gerade weil Softwareentwicklung zu einem großen Teil auch ein kreativer Prozess ist, kommt es zu natürlichen Schwankungen von Ergebnismengen in Form von Ideen. Planen Sie beim Umfang mit „Constant Pace" Leistungsschwankungen ebenso ein wie die Weiterbildung. Weiterbildung ist nicht nur eine Maßnahme, sowohl Moral als auch Leistungsfähigkeit zu erhöhen. Das Team profitiert davon, da die IT eine schnelllebige Branche[1] ist. Hier sollten Sie Freiräume schaffen. Warum soll ein Entwickler eine technische Gazette abends oder am Wochenende lesen, wenn er das auch auf der Arbeit tun kann, und das vielleicht sogar besser.

Gute Leute trennen sowieso nicht zwischen Arbeitszeit (im Sinne von Zeit vor Ort im Büro) und Privatzeit, sondern denken eben auch außerhalb des Büros über das Projekt nach oder bilden sich fort (siehe dazu auch Kapitel 11). Dies muss gefördert und nicht unterdrückt werden.

> „nine to five" kann durch falsches Management auch sehr einfach indirekt erreicht werden.

Wie lässt sich die Bedeutung dieses Prinzips schließlich zusammenfassen? Nachhaltige Geschwindigkeit hat viel mehr mit Motivation (siehe Kapitel 7), der Kultur, offener Kommunikation (siehe Kapitel 8) und Skills (siehe Kapitel 11) zu tun, als mit der konkreten Anzahl von Arbeitsstunden oder gar Überstunden.

---

[1] Es wird häufiger angeführt, dass in der IT Detailwissen alle zwei Jahre veraltet.

## Aerobe und anaerobe Belastung

Ein Projekt ist kein 100-Meter-Lauf, es ist eher ein Marathon. Haben Sie schon mal einen Marathonläufer gesehen, der direkt nach dem Startschuss zum Schlussspurt ansetzt? Eben, deswegen sollten Sie dies auch nicht im Projekt tun. Stattdessen belasten Sie aerob. Bei aerober[2] Belastung kann der Körper während der Belastung Sauerstoff aufnehmen und diesen im Rahmen der Belastung aufbrauchen (wie beim Langlauf). Die anaerobe[3] Belastung geschieht ohne Sauerstoffverarbeitung (wie beim 100-Meter-Lauf) – Sie atmen nicht.

Agile Teams denken in Wahrscheinlichkeiten. So kann eine Softwarebereitstellung zu einer Wahrscheinlichkeit von 90 % kalkulierbar klappen, aber Unwägbarkeiten gibt es immer. Mit anderen Worten: Eine Zusage, dass etwas bis übermorgen 9 Uhr programmiert ist, ist eine „null oder eins"-Aussage. Sie berücksichtigt nicht, mit welchen Wechselwirkungen und Risiken ein Softwareprojekt zu kämpfen hat. Also tun Sie Ihrem Projektleiter einen Gefallen, denn er ist eben genau an diesen Risiken interessiert, und sagen Sie für übermorgen 9 Uhr eine Wahrscheinlichkeit von 40 %, für überübermorgen 60 % und für nächste Woche Freitag 95 % voraus, bei Sichtbarmachung der noch notwendigen Aktivitäten und der damit verbundenen Risiken. Apropos Risiken.

### Projektalltag: Risiken

Kommen wir nun zu einem weiteren Aspekt, den Risiken. Für den fundierten Projektmanager sind Risikolisten nichts Neues, werden aber im Projektalltag doch so häufig vernachlässigt: Stellen Sie eine für die Projektteilnehmer sichtbare Liste mit Risiken auf, die eintreten können. Fügen Sie der Liste hinzu, wie hoch die Eintrittswahrscheinlichkeit und wie hoch das damit verbundene Risiko ist, also die Bedeutung und Konsequenz, wenn das Risiko tatsächlich eintritt.

> Nicht zu viel aufhalsen. Es bleibt nicht beim Schönwetterflug.

In einem Fall kann eine Eintrittswahrscheinlichkeit hoch sein (kein Kaffee mehr da) und die Konsequenz niedrig (schnell neuen Kaffee kaufen). In einer anderen Konstellation geht es vielleicht um einen entscheidenden, zentralen Wissensträger. Wenn dieser ausfällt (Krankheit, Fluktuation), sind die Konsequenzen dramatisch (Eintrittswahrscheinlich gering, Konsequenz bedeutend). Mit anderen Worten: Gibt es einen Truck-Faktor von Eins, dann müssen Sie direkt handeln.

---

[2] http://de.wikipedia.org/wiki/Aerobie

[3] http://de.wikipedia.org/wiki/Anaerobie

> ## Truck-Faktor
>
> Die Anzahl der Leute im Team, die von einem Truck erfasst werden müssen, bevor das Projekt in ernste Schwierigkeiten gerät.

Unterscheiden Sie zwischen Verminderungs- und Eventualmaßnahmen, und beschreiben Sie diese, bevor das Risiko eintritt. Verminderungsmaßnahmen sind Maßnahmen, die Sie bereits vor Eintritt des Risikos durchführen, um dessen Auswirkungen bei Eintritt zu minimieren. So kann beispielsweise ein Kaffee-Depot helfen, die Downtime einer Kaffeemaschine gegen null zu reduzieren.

Eventualmaßnahmen sind Maßnahmen, die Sie erst ergreifen, wenn das Risiko eingetreten ist. Sie warten also nicht bis zum Eintritt und überlegen dann: Huch, was mach ich denn nun? Die Überlegungen geschehen bereits vorher. Ein simples, sehr reales Beispiel ist die Urlaubsplanung. Hier werden Sie gewöhnlich eine Vertretung aufgesetzt haben (müssen), bevor Sie tatsächlich in den Urlaub verschwinden. Nur in suboptimal geführten Projekten wird es so sein, dass sich morgens alle wundern, dass der Build-Manager ein Sabbatical genommen hat, und ein halbes Jahr auf Weltreise ist.

Im agilen Umfeld ist es sehr wichtig, die Menge der Arbeit im Progress (engl. „work in progress", kurz WIP) zu begrenzen und stabil begrenzt zu halten. Ansätze wie Kanban schlagen vor, mit Pull-Verfahren zu arbeiten, d.h. statt den Teams Arbeit von außen zuzufügen, wird dem Team ein Topf vorgeschaltet, in den von außen die Arbeit eingeworfen werden kann, was aber nicht bedeutet, dass sie auch gleich erledigt wird.

Dieser Topf (z.B. Backlog, Queue oder wie auch immer man ihn bezeichnen mag) wird regelmäßig, wie in den Kapiteln 4 und 5 beschrieben, abgearbeitet. Die darin befindlichen Aufgaben werden konkretisiert und priorisiert, und danach letztlich abgearbeitet. Aber die Gesamtmenge der Tasks, die sich parallel in Arbeit befinden, muss konstant bleiben bzw. ebenfalls ständig korrigiert werden – in Abhängigkeit von dem, was das Team leisten kann.

Das WIP ist kein Faktor, über den das Management entscheidet. Er ergibt sich als Erfahrungswert aus der täglichen Arbeit, aus der Teamperformance. Er darf nicht dazu verwendet werden, einen Plan schönzurechnen oder jemandem einen Gefallen zu tun. Er ist der Spiegel der Realität, und der darf nicht lügen.

### Projektalltag: Wissensverteilung

Agile Teams haben den Anspruch, Expertenwissen auf möglichst viele Köpfe zu verteilen. Die Herausforderung der Wissensbildung und -verteilung wird häufig beim Rollenprofil des Build-Managers[4] deutlich. Wenn der Build-Manager nicht da ist, funktioniert es selten, die Software unfallfrei bereitzustellen, und das, obwohl alle Build-Skripte, also Skripte zur Umsetzung und Paketierung der Software, automatisiert und reproduzierbar vorliegen sollen, und vom Entwickler, nicht vom Build-Manager, entwickelt werden.

Auch auf die Wissensverteilung legt die Agilität besonderen Wert. Sie wird angemahnt und extrem eingefordert. Mit einem Schuss Realität gepaart geht es hier schließlich nur um eine Bejahung der Tatsache, dass es Wissensinseln gibt und immer geben wird, es jedoch gilt, diese zu minimieren.

In der agilen Softwareentwicklung hat sich in der Breite die Erkenntnis durchgesetzt, dass auch hier eine strikte, eher puristische Verfolgung, also Wissen müsse zu 100 % verteilt sein, und jeder könne sofort durch eine andere Person ersetzt werden, nicht überall erreicht werden kann und muss. Wie auch in anderen Bereichen sollten die Maßnahmen zur Wissensverteilung den Anforderungen, Rahmenbedingungen und letztendlich dem konkreten Nutzen gegenübergestellt werden. Das Phänomen, in unnötig puristische und nicht zielführende Situationen zu geraten, haben Tom DeMarco et.al in ihrem Buch „Adrenalin Junkies & Formular Zombies"[5] diskutiert. So kam es in einzelnen Fällen auch schon vor, dass die von Tom DeMarco et.al gewählte Bezeichnung der *Fundamentalisten* von dem einen oder anderen gar mit Fetischist gleichgesetzt wurde.

Agile Praktiken wie Pair Programming sind zu einem großen Teil Risikoverminderungsmaßnahmen, um in einem gewissen Maße einen Wissenstransfer bei Entwicklern zu etablieren. Es gibt aber häufig dennoch unterschiedliche Tätigkeitsschwerpunkte, Erfahrungswerte und Skills. Beispielsweise hat die Person, die ein Modul umgesetzt hat, sicherlich zunächst mal die größte Expertise bezüglich dieser konkreten Implementierung. Sie kennt nicht nur das Ergebnis ganz genau. Sie kennt auch Zwischenstände, Erfahrungswerte auf dem Weg dahin, oder misslungene Gehversuche.

### Projektalltag: Zero Tolerance

Viele Projekte machen mit einer Zero-Tolerance-Strategie sehr gute Erfahrungen, um Geschwindigkeit konstant und nachhaltig zu halten und sich vor zukünftigen, versteckten Aufwänden zu schützen. Unübersetzbarer Quellcode im zentralen Versionskontrollsystem ist natürlich tabu. Agile Teams setzen noch einen drauf. Es gibt zwar auch hier nicht die „One Size Fits All"-Lösung, aber überprüfen Sie, ob Sie fehlgeschlagene Tests auf dem Build-Server zulassen wol-

---

[4]  Der Build-Manager ist gewöhnlich der arme Kerl, der das zusammenbaut, was die anderen programmiert haben.

[5]  Tom DeMarco et al. „Adrenalin Junkies & Formular Zombies" (dt. Übersetzung), Hanser, 2007, Seite 29ff

len (besser nicht), also bewusstes Einchecken von Sourcen, die die Tests garantiert fehlschlagen lassen.

Etablieren Sie beispielsweise auch die direkte Bekämpfung von „Design und Code Smells[6]": Es gibt Werkzeuge, die auf suboptimales Design und Code aufmerksam machen. Sowohl fehlgeschlagene Tests als auch derartige Smells sollten sofort behoben werden, anstatt munter mit der Entwicklung weiterer Features fortzufahren. Weder die Umgebung der Kontinuierlichen Integration noch der Tester oder Anwender sind die ersten Instanzen, um festzustellen, ob die Entwicklung korrekt war. Die erste Instanz ist die individuelle Umgebung der Entwickler. Nur so halten Sie bei nachhaltiger Geschwindigkeit die Qualität hoch. Und: Sie lassen nichts einreißen. Denn wenn Sie einmal mit dem Pfuschen anfangen, fühlen sich auch Kollegen motiviert, es „mal eben schnell" zu machen.

> Code/Design-Smells sollten in Projekten direkt angegangen werden.

### Projektalltag: Testen und Bereitstellen

Nehmen Sie den Spruch „Ein Tester entwickelt ja nicht, warum soll ein Entwickler denn testen? Gleiches Recht für alle" nicht für bare Münze. Aber planen Sie den Aufwand seriös, der entwicklerseitig tatsächlich für Tests notwendig und Bugfixings anfallen wird. Auch hier ist es Sache der Darstellung. Entweder Sie kalkulieren für jedes Feature „Stabilisierungsarbeiten" mit ein oder Sie weisen z.B. eine explizite Integrationsphase/Bugfixing-Phase aus. Denn eine Komponente isoliert zu entwickeln ist eine Sache. Diese allerdings mit der Umwelt in Berührung zu bringen, sprich mit anderen zu integrieren, wird gewöhnlich weitere Anpassungsarbeiten zur Folge haben.

Wenn Sie gegen Ende der Laufzeit merken, dass manche Features nicht mehr umgesetzt werden können, streichen Sie diese gänzlich aus dem Zielumfang. Dies ist allemal besser, als mit heißer Nadel etwas zusammenzustückeln, das im Folge-Release mühsam repariert werden muss. Dies führt uns auch wieder zur Frage, wann Software (oder ein Feature) fertig ist. Am letzten Projekttag etwas hineinzufriemeln, mag zwar helfen, den Kunden kurzfristig zufriedenzustellen und die Release Notes zu frisieren. Aber spätestens am Folgetag wird auffallen, dass das Feature ja doch nicht tut, was es tun soll, und Folgeaufwände nötig sind. Das führt zu Frust auf allen Seiten und eben zu den verdeckten, bereits weiter oben beschriebenen Folgeaktivitäten, die später auf die bereits existente Aktivitätenmenge aufgeladen wird, was nachhaltige Geschwindigkeit, Messbarkeit und Transparenz konterkariert.

> Ein Provokateur: „Ein Tester entwickelt ja nicht, warum soll ein Entwickler testen?"

---

[6] http://en.wikipedia.org/wiki/Code_smell

## 10.2    Die Fehlinterpretationen

Bei den Fehlinterpretationen, die wir hier vorstellen wollen, fällt die Entscheidung recht leicht: Das sind mal wieder zwei Extreme, denen wir hier die hübschen Bezeichnungen Hetzjagd und fauler Lenz geben.

### Hetzjagd

Schauen wir uns die Lebenslinie eines kaputten Hetzprojekts (siehe Bild 10.1) an, das die Geschwindigkeit bewusst hochhält und eben nicht für nachhaltige Geschwindigkeit sorgt. Häufig lässt sich Folgendes beobachten:

**Bild 10.1:** Eine Hetzjagd – immer wieder ein beruhigendes, entspannendes Gefühl im Projekt, klaffende Zähne am Allerwertesten zu haben. (Quelle: ©iStockphoto.com/KateLeigh)

### Phase 1: Termindruck und Termindruck

Dauerhaft vorhanden, führt Termindruck zu müden Teams. Müde Teams machen mehr Fehler (Betonung auf „mehr", auch ausgeruhte Teams machen Fehler, was völlig normal ist und zum Job dazugehört). Die ersten paar Stunden am Tag muss erst einmal all das aufwendig repariert werden, was die letzte Nachtschicht kaputt gemacht hat (und nicht selten sind es dieselben Leute). Die Software verfügt über eine schlechte innere Qualität.

Es geht primär nur noch darum, nach außen den Schein zu wahren. Funktionalität wird zwar zur Verfügung gestellt, allerdings auf einem pathologischen Fundament. Die Entwickler wissen: Was sie da gerade noch rechtzeitig zusammengebastelt haben, überlebt das nächste Release

> Kinder freuen sich im Kindergarten über Bastelbuden. Das ist aber doch nichts für Ihr IT-Projekt.

nicht. Aufgrund der schlechten inneren Qualität sind Folge-Releases aufwendiger. Die Software ist weder wart- noch erweiterbar. Es setzt eine steigende Anzahl von Softwaredefekten ein. Diese zu lokalisieren und zu beheben, kostet immer mehr Zeit, und dieser höhere Zeitaufwand reduziert den Durchsatz weiter. Dem kurzen Erfolg wird also der mittelfristige Erfolg geopfert.

An dieser Stelle ein kleiner Einschub: Was viele vielleicht immer noch verwundert: Ein Projekt zeichnet sich insbesondere durch Inhalte und ein wohldefiniertes Ende aus. Dies führt uns zu einem Spannungsfeld zwischen einem Projekterfolg und der Zeit nach Projektende. Es kann also durchaus ein Projekt „erfolgreich" beendet worden sein (Funktionalität wurde bereitgestellt) und gleichzeitig verbrannte Erde hinterlassen haben: eine Software, die den Namen nicht mehr verdient, ausgepowerte Mitarbeiter, die gegenseitig

> Projekterfolg trotz Misserfolg? Oder: Erfolg trotz gescheitertem Projekt?

mit dem Finger aufeinander zeigen, Kündigungen nehmen zu, und so weiter.

Andersherum kann ein Projekt zwar oberflächlich betrachtet ein Misserfolg sein (es konnte etwas nicht zeitgerecht bereitgestellt werden), aber auf der anderen Seite sehr wohl zu immensem Erfolg geführt haben. Beispiele sind ein zusammengeschweißtes Team, oder technologische Erfahrungswerte, die in einem nächsten Projekt sehr erfolgreich eingebracht werden können. „Leider" werden Projekte (im Grunde natürlich auch zu Recht) fast ausschließlich an harten, belastbaren Faktoren festgemacht, was z. B. in einem Pflichtenheft oder in einem Projektplan festgezurrt ist.

Es ist also nicht nur der Weitsicht der erfahrenen Projektverantwortlichen zu verdanken, die wichtigste Ressource, den Mitarbeiter, über einzelne Projekte hinweg zu schützen. Entsprechend muss direkt nachhaltig geplant werden, in einem nachhaltigen Tempo ein Projekt zu durchlaufen.

### Phasen 2 und 3: Müdigkeit und sinkende Qualität

Weil die Teams müde sind, weil es immer mehr Bugs gibt und weil das überarbeitete Team mehr und mehr Fehler macht, sinkt der Durchsatz. Diese zweite Phase führt unwiderruflich zu Phase 3: sinkende Qualität (ganz schlimm für den ambitionierten Entwickler, es tut ihm in der Seele weh), sinkender Durchsatz (es geht nicht mehr vorwärts) und trotzdem immer mehr Arbeit. All das führt dazu, dass wertvolle Praktiken beiseitegelassen werden. Zum Beispiel werden keine Modultests mehr geschrieben, denn die kosten ja nur Zeit und halten nur auf.

Neben der weiter sinkenden Qualität hat das insbesondere eines zur Folge: sinkende Moral.

---

### Vorstellungsgespräche: Schon mal auf Tempo einstimmen

„Wir können Ihnen jetzt schon sagen, es werden einige Wochenenden zu arbeiten sein. Der Kunde wartet nicht auf uns."

„Das wird hier von Ihnen erwartet. Wir geben hier alle 120 %."

„Wir arbeiten hier alle 120 %. Das ist alles Standard. Nur für Sie weichen wir diesen Standard etwas auf."

---

### Phasen 4 und 5: Die Moral ist im Keller, es geht den Bach runter

Termine können nur auf Kosten von noch größeren Qualitätseinbußen und Überstunden gehalten werden. Der allgemeine Leidensdruck wird größer. Es werden Fragen gestellt, warum das alles so lange dauert, wo die ganzen Fehler herkommen etc. Nicht selten sind es dann die Entwickler, die sich für die Fehlentscheidungen der Projektleitung und viel zu aggressive Projektpläne rechtfertigen müssen – die Projektleitung weiß sich in der Regel mit einer halbwegs reinen Weste herauszuwinden. Konstruktive Herangehensweisen werden immer häufiger beiseitegelassen. Das führt uns zum ultimativen Schlusspunkt in dieser iterativen, selbstverstärkenden Aneinanderreihung von Phasen in einem kaputten Projekt – dem Fingerpointing.

### Phase 5: Fingerpointing

> **Es sind häufig die Entwickler, die sich für die Fehleinscheidungen der Projektleitung rechtfertigen müssen.**

Es geht den Bach runter, und nun muss „natürlich" ein Schuldiger gefunden werden. Das sind wahlweise andere Abteilungen, Entwickler (auch gerne reihum jede Woche ein anderer) oder gerne auch Externe. Häufig liegt die höchstpriorisierte Aufgabe zunächst darin, einen Schuldigen zu identifizieren, anstatt sich dem eigentlichen Problem (vor allem den Ursachen und nicht den Symptomen) zu widmen.

Meetings werden zu „Blame Stormings[7]". Kollegen werden öffentlich diskreditiert, um einerseits von sich abzulenken, andererseits als Warnung zu fungieren für all diejenigen, die nicht spuren oder schlicht abwesend sind. Das geht natürlich nach hinten los und verstärkt überdies die Abwärtsspirale der sinkenden Arbeitsmoral noch weiter.

---

[7] In Abgrenzung zum „Brain-Storming" geht es beim „Blame-Storming" nur darum, einen Schuldigen zu finden und ihn möglichst öffentlich für suboptimale Dinge verantwortlich zu machen.

Die Projektteilnehmer werden vorsichtiger. Ihnen ist es nun wichtiger, eine sauber Aktenlage zu haben, als im Sinne des Projekterfolgs voranzuschreiten. In Meetings wird nichts mehr entschieden, sondern die Zeit investiert, sich lieber sauber und unangreifbar zu halten. Defensives Arbeiten, Fingerpointing und fehlende Entscheidungsfreudigkeit („man könnte mich dafür ja morgen verantwortlich machen") ersetzen offensives, konstruktives, kreatives Arbeiten, wohl wissend, dass auch das mal mit Fehlern verbunden ist, die ganz einfach dazugehören.

Sie kriegen diese atmosphärischen Störungen nur noch durch Eingreifen des Managements in den Griff. Wenn Sie aber vergeblich auf den Eingriff in den früheren Phasen warten mussten, dann werden Sie kein Prophet sein müssen, um die Wahrscheinlichkeit eines geordneten, steuernden Eingriffs zu antizipieren. Auch das Team in seiner Selbstregulierung kommt aus diesem Teufelskreis nicht mehr heraus. Als Endergebnis – und das führt dann doch zum reinigenden Gewitter – fährt das gesamte Projekt an die Wand.

**Bild 10.2:** Klar, wir arbeiten! Wann war noch mal Mittag?
(Quelle: ©iStockphoto.com/bravobravo)

## Aus dem wahren Leben

Es war einmal ein Abteilungsleiter, der bewusst seine Entwickler kleingehalten hat[8]. Dies zeigte sich insbesondere auch darin, dass er ihnen für eine konkrete Umsetzung die denkbar primitivsten Mittel gab. Nun ist es aber so, dass sich das auf die Produktivität auswirkt (die Entwickler mussten sich anhören, warum das so lange dauere) und insbesondere den Entwicklern keinen Spaß macht. Wer will schon mit Hammer und Meißel ein Haus bauen? Entwickler wollen natürlich mit exzellentem Handwerkszeug ihre Arbeit verrichten dürfen.

Warum hat der Abteilungsleiter solche recht unverständlichen, ausbremsenden Anweisungen gegeben? Er wollte, dass die Entwickler austauschbar bleiben. Stets war die Möglichkeit gegeben, auf dem Markt Leute einzukaufen, die diese primitiven Vorgehensweisen verstehen. Im Umkehrschluss sollte eine Abwanderung der Leute verhindert werden. Die Vorstellung war: „Wenn meine Leute tolle Schulungen genießen und ihre Aufgaben mit zeitgemäßen Lösungen bereitstellen, dann werden sie ja sogar interessant für andere Marktbegleiter." – Dass diese destruktive Herangehensweise des Abteilungsleiters genau das Gegenteil erreicht, nämlich das ganze Team ausgebremst und die Fluktuation erhöht wird (die guten Leute werden so nicht zu halten sein), ist dem Abteilungsleiter leider nicht ganz verständlich gewesen.

### Fauler Lenz

Das andere Extrem ist der faule Lenz (Bild 10.2), und hier ist nicht die Charaktereigenschaft des Entwicklers gemeint, die dafür verantwortlich ist, wiederkehrende Aufgaben zu automatisieren. Hier ist der faule Lenz als solcher gemeint. Das kann auch etwas mit der Unternehmenskultur zu tun haben. Es ist fast unmöglich, in Unternehmenskulturen, in denen ein gemä(äääääääähhhhhhh)chlicher Arbeitsrhythmus herrscht, von Agilität zu sprechen, geschweige denn eine dynamische Agilität zu etablieren. Das würde einer Revolution gleichen.

> „Wie krieg' ich bloß die Zeit zwischen Frühstückspause und Mittag rum? Horror!"

Die Leute könnten doch glatt die Mittagspause verpassen, was seit 30 Jahren nicht mehr passierte. Undenkbar! Aber eines ist klar: In einer solchen Umgebung existiert bereits im Sinne dieses Prinzips ein durchaus konstantes Tempo: Schlafzimmerkriechtempo. Sonntagmorgen auf der A8 bei Dasing oder Autobahnnetz Köln zur Rush-Hour. Beides Schneckentempo. Brrrr. Weg damit.

---

[8] Vergleiche „Mushroom Management", http://de.wikipedia.org/wiki/Anti-Pattern

Es ist aber nicht immer so einfach und offensichtlich. Häufig ist der faule Lenz zu Beginn eines klassischen Projekts anzutreffen. Die Herrschaften tagen in Räumen und grübeln über die bereitzustellende Funktionalität. Die ersten Happen finden den Weg raus aus den Tagungsräumen, vorbei an dem üppigen Catering, hin zu den Tischen der Entwickler, an den Kaffeetassen vorbei und auf die Konsole.

Doch was macht der Entwickler? Er denkt sich, hach, die Herren tagen noch, es fängt doch alles erst an, ich weiß ganz genau, am Ende stürzt hier wieder die Stress-Kernschmelze auf mich ein, ich lass es einfach mal ein paar Tage oder Wochen (mal gucken) bisschen ruhiger angehen. So läuft das häufig in Projekten, die klassisch und in grobmaschiger Taktung laufen. Ist Ihnen das schon mal aufgefallen? Das Verhalten dieser Entwicklerspezies ist allerdings grob fahrlässig, denn schwups! nähern wir uns dem ersten Meilenstein, und nichts geht. Dann nimmt das Unheil seinen Lauf.

Was aber machen agile Projekte? Agile Projekte wissen, die Zeit am Anfang eines Projekts (egal wie lange das Projekt dauert) ist genauso wertvoll wie die Zeit am Ende eines Projekts[9]. Zeit kann nicht mehr zurückgeholt werden. Entsprechend gibt das Team bereits ab Tag 1 Gas – vielleicht nicht im sechsten Gang mit dem Tachozeiger im roten Bereich, aber im vierten Gang, nachhaltig, bei ordentlicher Drehzahl.

> **Die Zeit am Anfang ist genauso kostbar wie die Zeit am Ende eines Projekts.**

---

[9] Vielleicht sogar noch wertvoller, da zu Beginn die Weichen gestellt werden.

*"Design is not just what it looks like and feels like.
Design is how it works."*

*Steve Jobs*

# 11 Technische Güte und gutes Design

Quelle: ©iStockphoto.com/cjp

**"Continuous attention to technical excellence and good design enhances agility."**

**„Ständiges Augenmerk auf technische Güte und gutes Design steigert die Agilität."**

> ### Anekdote
>
> Der Maurer sagt: Das passt so, das macht dann der Stuckateur.
>
> Der Stuckateur sagt: Das passt so, dass macht dann der Zimmerer.
>
> Der Zimmerer sagt: Das passt so, das ebnen dann die Tapeten.

Dieses Prinzip besagt nichts anderes, als dass sich die Agilität automatisch mit der *technischen Qualität* des Teams und dessen Erzeugnissen erhöht. Qualität kommt nicht von alleine, sie muss in langer Übung gelernt und geübt werden. Technische Handfertigkeiten sind das Resultat praktischer Arbeit, Theorie spielt dabei eine untergeordnete Rolle. Bei *gutem Design* allerdings spielt auch das tiefe theoretische Wissen eine entscheidende Rolle.

Sorgen Sie dafür, dass Sie und Ihr Team sich selbst und die Ergebnisse Ihrer Arbeit technisch ständig verbessern, und zwar individuell und als ganzes Team. Dazu gehört die ständige, vor allem praktische Auseinandersetzung mit neuen Technologien, kontinuierliche Verbesserung eigener Handfertigkeiten und Prozesse und die konstante Suche nach einfacheren, jedoch technisch besseren Lösungen. Die Technik darf dabei allerdings niemals in den Vordergrund rücken, denn es sind immer noch die konkreten Anforderungen der Kunden, die eine Software treiben, nicht die technische Brillanz. Technik ist lediglich Mittel zum Zweck.

Lassen Sie keinen Pfusch zu – es ist eine trügerische Hoffnung, dass man diesen später ausmerzen kann. Achten Sie immer auf ein situativ minimalistisches, aber gutes Design. Aber entwickeln Sie es nicht gleich vollständig zu Beginn (engl.: Big Design Up-Front, kurz BDUF[1]), sondern kontinuierlich, Schritt für Schritt, mit steter Wachsamkeit bezüglich der tragischen Unschönheiten. Diese lassen sich allerdings nur mit viel Erfahrung erkennen und korrigieren. Und damit schließt sich wieder der Kreis mit dem technischen Wachstum.

---

[1] http://en.wikipedia.org/wiki/Big_Design_Up_Front

## 11.1    Die Bedeutung

Technische Güte in Kombination mit gutem Design ist quasi das Markenzeichen guter Kunsthandwerker. Was hat das mit der Softwareentwicklung zu tun, könnte sich der Leser fragen? Eine ganze Menge, denn die zuneh-

> Softwareentwicklung hat mehr von einem Handwerk als von einer Wissenschaft.

mende Zahl von anerkannten Softwarespezialisten weltweit ist immer mehr – und das völlig berechtigt und korrekt – der Meinung, dass die Softwareentwicklung weniger von einer Wissenschaft als von einem Kunsthandwerk hat. Nicht umsonst gibt es in der Softwareentwicklung Bestrebungen wie die Software Craftsmanship[2] oder gar solche Bekenntnisse wie z.B. das sogenannte „Manifesto for Software Craftsmanship[3]" (zu Deutsch: das Manifest des Softwarekunsthandwerks).

Der Begriff „Kunsthandwerker" wurde in der 2. Hälfte des 19. Jahrhunderts geprägt. Im Rahmen der Industrialisierung mussten die Handwerker in ihren technischen Fähigkeiten immer besser werden, damit sie mit der Massenproduktion in Fabriken halbwegs mithalten konnten. Und gleichzeitig begeisterten sie durch Qualität und Schönheit der eigenen Produkte den anspruchsvollen Kunden. Und? Kommt Ihnen das bekannt vor? Klar, das könnte so 1:1 auf die Softwareentwicklung passen! Tut es auch.

### Wissenschaft vs. Handwerk

Jahrelang wurde die Softwareentwicklung jedoch mehr und mehr in die Ecke der Wissenschaft getrieben, was zu schlichtweg praxisfremder Ausbildung von heranwachsenden Spezialisten führte, die im wahren Leben beinahe nichts von den erworbenen Kenntnisse anwenden konnten und sich keineswegs in der Rolle eines Handwerkers sahen.

Mit dem Vormarsch der Agilität hat sich nun auch immer stärker die Ansicht durchgesetzt, dass die Softwareentwickler neben theoretischen Grundlagen auch noch ein riesiges Maß an technischen Handfertigkeiten (engl. „skills") besitzen müssen, um gute und funktionierende Lösungen zu entwickeln.

Endlich, muss man sagen, denn es kostete Jahre, die universitären Theoretiker auf den Weg der reinen praktischen Softwareentwicklung umzuleiten. Dabei kam es nicht selten dazu, dass eigentlich berufsfremde Akademiker – wie z.B. viele Physiker – viel schneller und erfolgreicher in den Entwicklerberuf einstiegen als die studierten Informatiker selbst! (Ok, die theoretischen Physiker nicht, die gehen meist in Unternehmensberatungen. Eigenartig: Bleibt überhaupt je-

---

[2] http://en.wikipedia.org/wiki/Software_craftsmanship
[3] http://manifesto.softwarecraftsmanship.org

mand von denen Physiker?) Es soll allerdings an dieser Stelle nicht verheimlicht werden, dass ein weiterer Grund der hohen „Quereinsteigerrate" der ist, dass Akademiker – seien sie nun Physiker oder gehören anderen Disziplinen an – frühzeitig in strukturierter, logischer Arbeitsweise und „Erlernen von neuen Dingen" geschult wurden und dies auch auf andere „Wissenschaften" übertragen können.

> **Tools helfen uns bei der Softwareentwicklung, nicht nur die Theoreme.**

Warum, denken Sie, redet man von „Tools", also Werkzeugen in der Softwareentwicklung? Warum stehen nicht nur die Theoreme im Vordergrund? Warum haben so viele empirische Erkenntnisse die moderne Softwareentwicklung geprägt statt der verstaubten und in der Praxis kaum anwendbaren Theorien? Warum ist der schnellste Code, den man schreiben kann, immer noch in Assembler und nicht in Prolog (keine Angst, das ist schon fast eine Sprache der IT-Antike)? Na, weil das Einzige, was wirklich zählt, das Handwerk ist und demnach das laufende, ausführbare Ergebnis – ein Programm. Nicht dessen Skizze und nicht dessen Modell. Dieser Themenkomplex wird ausführlicher in Kapitel 9 behandelt.

Eine gute Analogie zur Softwareentwicklung ist eigenartigerweise das Autorenngeschäft. Warum eigenartigerweise? Weil die Automobilherstellung an sich weniger den Prinzipien der Softwareentwicklung ähnelt, wie kräftig man auch versucht, diese auf die Softwareentwicklung in Gänze zu übertragen. Teile davon sind zugegebenermaßen zur effektiven Team- und Prozessgestaltung gut. Die Softwareentwicklung unterscheidet sich allerdings von der Automobilherstellung in einem wichtigen Punkt: Sie läuft nicht am Fließband – daher der Bezug zum Kunsthandwerk. Hier sieht es anders aus. Die Rennfahrzeuge sind größtenteils Einzelanfertigungen, entstanden nach sorgfältigem Design und hergestellt nahezu in Handarbeit. Um ein Fahrzeug optimal zu gestalten, zu betreiben und zu warten, ist ein hohes Maß an technischem Know-how sowie praktischer Handfertigkeiten erforderlich. Haben Sie je beobachtet, wie es beim Autorennen in einem Boxenstopp zugeht – siehe Bild 11.1? Innerhalb von Sekunden muss ein Problem analysiert, bewertet und eine Lösung dafür gefunden und gemacht werden. Ist das nicht etwa agil?

### Entwicklung als Lebenszyklus

> **Softwareentwicklung ist die Gestaltung des gesamten Lebenszyklus des Systems.**

Man kann vieles aus dem Autorenngeschäft lernen – für den gesamten Lebenszyklus eines Softwaresystems. Denn Softwareentwicklung ist nicht die Initialentwicklung, die auf eine schöne, saubere Papierdesignphase folgt. Sie ist vielmehr die Gestaltung und Begleitung des gesamten Softwarelebenszyklus: von einer Projektbegründung und Initialisierung über diverse Releases, Inkremente und Iterationen bis in die Wartungsphase. Und dort beginnt es, erst richtig lustig zu werden.

Was gute Software von weniger guter unterscheidet, ist ihre Lebensdauer. Eine Software mag vielleicht anfangs funktionieren, sie erodiert dann aber rapide, wenn sie nicht mit fortwährend gutem Design und mit adäquaten technischen Skills der Entwickler erstellt wurde und weiterentwickelt wird. Es ist die innere Qualität der Software, die den Unterschied zwischen einem Kartenhaus und einer wartungsfreudigen Software mit gutem Design ausmacht. Apropos Wartung: Auch die Wartung muss von qualifiziertem Fachpersonal erledigt werden. Hier reicht es nicht aus, minderqualifizierte, billige Kräfte einzusetzen, denn das Ergebnis ist dann Erosion und letztendlich der Ruin.

Bild 11.1: Gibt es etwas Agileres als einen Boxenstopp bei einem Autorennen? Blitzschnelle Lösungen bei hoher Qualität! (Quelle: ©iStockphoto.com/Randomphotog)

Es reicht also nicht aus, die Erstversion mit einem brillanten Team zu erstellen und sie danach zur Weiterpflege an sogenannte „Indianer" zu übergeben (wobei das länger gut geht als anders herum: Ein gutes Design ist ein nachhaltigeres Fundament, als wenn direkt die besagten Indianer loskloppen). Auch hier greift dieses Prinzip: Technische Güte und gutes Design ziehen sich wie ein roter Faden durch den gesamten Lebenszyklus eines Systems bis zu dessen endgültigem maschinellen Tod.

Noch eine Randnotiz zum Thema Wartung: Leider ist es häufig so, dass Software initial in Festpreisprojekten bereitgestellt wird. Und das sogar nicht selten erfolgreich. Danach aber kommen zahlreiche Change Requests und Erweiterungen, die die ggf. schnell zum Festpreis zusammengebastelte Anwendung einem Stabilitätstest unterziehen und dann erst richtig teuer werden lassen. Durch die Hintertür also gelingt es den Scharlatanen der Branche durchaus, mit einem günstigen Festpreisprojekt den Schuh in die Tür zu kriegen und die Anwendung sogar – wenn auch mit minderer interner Qualität – rechtzeitig fertigzustellen. Im Anschluss aber wird es für den Auftraggeber richtig unangenehm, wenn er sich mit dem – mit Verlaub – fehlerhaften Müll herumschlagen muss. Warum dann nicht gleich mit Transparenz arbeiten, in Inkrementen und Iterationen und mit hohen Qualitätsansprüchen und die Software beispielsweise nach Feature bzw. Funktionalität bezahlen?

Wenn man von Agilität in der Softwareentwicklung spricht, so ist der anzustrebende Idealzustand der, bei dem das Team konstant besetzt ist und sich permanent und bei hohem Identifikationsgrad mit dem Produkt weiterentwickelt. Rein technisches Können ist zur Pflege komplexer Softwaresysteme sehr nützlich, jedoch alleine nicht ausreichend. Man muss *dieses eine System* kennen. Man muss wissen, was die Kunden wollen und warum, man muss wissen, bis wohin man lösen und ab wo man nicht mehr lösen muss, also ab welchem Punkt die unentbehrliche Anforderung in die optionale Kosmetik übergeht. Dies alles kann man nur wissen, wenn man mit dem Produkt verwachsen ist. Erst dann kann man – bei entsprechendem Lern- und Übungsgrad – die notwendige, kontinuierliche technische Güte erreichen, die für das Entwickeln erfolgreicher Lösungen ein absolutes Muss ist.

Übrigens: Im Kontext einer fruchtbaren, integrativen Herangehensweise (im Sinne einer Biozönose) sei hier die Softwareentwicklung in der Luftfahrtindustrie erwähnt. Die Luftfahrtindustrie unterscheidet nicht zwingend zwischen Hard- und Software, zumindest hinsichtlich des Endresultates (und noch vor einigen Jahrzehnten haben wir bei Rechnern und herkömmlicher Anwendungssoftware auch diesen Ansatz verfolgt). Dort wird gewöhnlich nicht die Software separat abgenommen, sondern nur das ganze Flugzeug inklusive der Software. Deswegen ist es auch schwierig, nur die Software in einem Flugzeug zu wechseln. Das hat Nachteile, aber auch einige große Vorteile[4]. Zudem bewegen wir uns hier auch in einem Bereich, in dem es durchaus üblich sein kann, dass zwei unabhängige Softwaresysteme entwickelt werden, die auch unabhängig koexistieren und im Ernstfall einander ersetzen können. Alles hat so seine Besonderheiten.

---

[4] Kennen Sie die Figur Plankton aus der TV-Serie „SpongeBob Schwammkopf"? Das ist hier nicht mit enger Koexistenz gemeint.

**Design als Praxistauglichkeit**

Sehen Sie sich doch mal das Bild 11.2 an und versuchen Sie, die dortige Frage zu beantworten. Zählt bei Alltagssachen wirklich die Form und die Schönheit oder wollen wir doch vielmehr Dinge besitzen, die uns funktional zufriedenstellen und die wir länger behalten?

Bild 11.2: Wann ist eine Teekanne perfekt? Wenn sie schön aussieht oder wenn sie die Wärme und das Aroma lange hält und nicht vergießt? (Quelle: ©iStockphoto.com/zennie)

Lange Zeit galt Design vielmehr der Schönheit eines Produktes als dessen Praxistauglichkeit. Das hat sich im Zeitalter des Pragmatismus, welches Mitte des 20. Jahrhunderts begann, komplett geändert. Die Zeitlosigkeit und die Praxistauglichkeit von Produkten standen dann viel mehr im Vordergrund. Das hat sich auch auf das Handwerk ausgebreitet. Allerdings wurde die Zeitlosigkeit immer mehr verdrängt, da sie Individualismus behinderte, was jedoch das Design nicht davon abhielt, sich weiterhin weg von nutzloser Schönheit hin zum praktischen Zweck zu entwickeln.

Dinge des Alltags werden für Menschen produziert. Es mag Schönheitsanhänger geben, die den Wert einer Sache viel mehr in ihrer Form als in ihrer Praxistauglichkeit sehen. Die große Masse will aber die Qualität und

> Gutes Design erkennt man an der Praxistauglichkeit und der Lebensdauer.

Langlebigkeit akzentuieren, keinen Sammlerwert. Modernes gutes Design bedeutet also Praxistauglichkeit und Lebensdauer, und die reine Schönheit ist dabei eher sekundär.

Und auch hier sieht man eine klare Parallele zur Softwareentwicklung. Denn was von einer Software verlangt wird, ist nicht ihre strukturelle Reinheit und Schönheit, sondern ein hoher Grad an Kundenwunscherfüllung, lange Lebensdauer und Benutzerfreundlichkeit. Software ist für die meisten Menschen eine Ansammlung von Bits und Bytes, sie assoziieren damit keine Schönheitsideale. Schönheit ist ein sehr subjektiver Begriff; die praktische Güte einer Ware hat jedoch meistens eine allgemeine, allseits anerkannte Bedeutung. Mal ganz unabhängig davon, dass sich Funktionalität objektiv messbar als Anforderungskatalog beschreiben lässt. Bei Schönheit wird das schon schwieriger.

Diese Sichtweise sollten sich auch unbedingt die agilen Entwickler aneignen – du wirst daran gemessen, wie gut und wie lange man deine Software einsetzen kann, nicht daran, wie schön sie aufgebaut ist (und auch nicht daran, dass du auf der nächsten Konferenz oder in der nächsten Fachgazette von der überdesignten Schnörkellösung berichtest). Ein technisch ausreichend schöner Aufbau – also das Design – ist unbedingt erforderlich, um die Langlebigkeit und auch die Benutzerfreundlichkeit der Software zu gewährleisten, es ist also für den Endnutzer implizit und selbstverständlich.

## 11.2   Die Fehlinterpretationen

Die typischen extremen Fehlinterpretationen dieses Prinzips sind *Ignoranz* und *Technomanie*. Beide führen dazu, dass das die zu entwickelnde Lösung buchstäblich unter einer massiven Stoffwechselstörung leidet, und zwar entweder an Magersucht oder an Übergewicht. Eine Weile lang kann sie ihre Überlebenschancen durch die schlichte Präsenz wahren, bricht jedoch wenig später unter der eigenen Schwäche zusammen.

Wie so häufig in der modernen IT-Welt wird auch dieses Prinzip gerne als Schutzschild für Prozess- oder Qualitätsschwächen verwendet. Die gnadenlose Nichteinhaltung bis hin zur Ignoranz wird damit begründet und gerechtfertigt, dass die Agilität angeblich mit dem „überholten" Brimborium wie z.B. dem technischen Design aufräumt. Und dass die modernen Offshore-Sklaven mit einem Arbeitstag von 20 Stunden besonders agil sind. Klar – sie arbeiten schnell und viel. Und nachdem sie immer tageweise und nicht nach Stunden bezahlt werden, kann so ein Tag auch ein paar Stündchen länger dauern, ohne dass dabei von Überstunden die Rede ist, nicht wahr?

Auf der anderen Seite sind wir Techniker immer noch allzu sehr in unsere Technik verliebt. Klar, das ist das, was wir studieren oder lernen wollten, das war unsere Berufswahl. Uns hat niemand gesagt, dass sich außerhalb der Universitätslabors niemand für unsere Technik interessiert, sondern vielmehr dafür, was sie bewirkt und was sich mit ihr erreichen lässt. Eine Technologieparty z.B. ist also in keinster Weise etwas, was unsere Kunden interessiert, höchstens vielleicht bei Autos und Elektronikgimmicks. Nicht jedoch bei unserer Software.

### Ignoranz

Ironischerweise wird die Agilität für ziemlich viele Arten von Versagen und Dummheit als Ausrede benutzt. So auch bei diesem Prinzip – es wird einfach missachtet und im schlimmsten Fall völlig falsch interpretiert. Es geht vor allem darum, wie dieses Prinzip in der Wartung von Softwaresystemen buchstäblich die Toilette hinuntergespült wird. Aber auch Neuentwicklungen leiden in der heutigen Zeit massiv darunter.

Die Rede ist ganz klar davon, die Wartung eines Softwaresystems durch das extrem günstige Personal erledigen zu lassen, seien es blutige Anfänger oder X-Shore-Spezialisten aus anderen Sprach- und Kulturkreisen.

> Eine billige, rund um die Uhr arbeitende Arbeitskraft hat nichts mit Agilität zu tun

Man verspricht sich durch das billige Personal eine massive Kostenersparnis, die im ersten Moment vielleicht funktioniert. Auf der anderen Seite kümmert man sich weder um die technische Fortbildung des besagten Personals noch um dessen vollständige Integration in den Entwicklungsprozess, unter anderem auch wegen der hohen Fluktuation interner und externer Mitarbeiter. Und man kümmert sich auch nicht darum, dass das ursprüngliche Design, welches der Erstimplementierung zugrunde lag, eingehalten und organisch angepasst wird.

Niemand schert sich darum, ob dieses Design auch weiterhin trägt. Es werden einfach nur Erweiterungen und Anpassungen angedockt, die teilweise zu Mehrfachimplementierungen führen. Aber so richtig schockieren tut es niemanden, denn keiner ist imstande, für eine adäquat saubere Strukturierung zu sorgen. Es muss nicht immer ein dedizierter Designer oder Architekt (in diesem Fall setzen wir die Begriffe gleich) sein. Es würde in vielen Fällen auch ausreichen, dass das Team und dessen Mitglieder darauf trainiert werden, architektonische Wachsamkeit aufrechtzuerhalten und Designthemen entsprechend zu lösen. In agilen Teams ist es ohnehin die Regel, dass entweder ein Einzelner neben Programmiertätigkeiten auch noch als Architekt bzw. Hauptdesigner die Verantwortung übernimmt oder eben das gesamte Team diesen „Hut" demokratisch teilt.

Aber was will man denn machen, wenn morgen das Team durch eine Horde billiger Arbeiter aus Laos ausgetauscht wird, und übermorgen gegen die noch billigeren Mondbewohner? Die Erosion ist den modernen Systemen bei diesem Kostendruck und Sourcing-Trieb vorbestimmt. Die Zeche zahlt man etwas später, aber das interessiert vor allem das Management im Hier und Jetzt nicht wirklich (in solchen Fällen ist ohnehin immer das ganze Personal unter Dampf, also zu mehr als 100 % ausgelastet).

Eine mögliche Ursache dieser Ignoranz ist – wie blöd das auch klingen mag – die schiere Lernfaulheit. So viele Menschen haben so viele warme Stühle besetzt, dass sie mit der Zeit einfach nichts mehr lernen wollen. Zweifel? Aber bitte, habt ihr denn niemanden in eurem Team, der einfach nur dasitzt und seine üblichen Stunden schiebt? Das tut einem schon beim Zusehen weh. Welche plausiblen Argumente kann es dafür geben, nichts Neues lernen zu wollen? Aus unserer Sicht keine.

Manche wollen sich auch durch eine abblockende, ausbremsende Haltung unentbehrlich machen oder neue Trends behindern. Glauben diese Leute wirklich, sie können die Zeit anhalten? Und neue Trends durch bloßes Wegschauen an deren Fortentwicklung stören? Sie sollten sich lieber Gedanken darüber machen, wie sie sich der Zeit und der Entwicklung anpassen können, ehe diese einen assimiliert.

## Eine Hommage

„Ich sperre mich in einen Gitterkäfig ein und erkläre die Welt außerhalb zum Gefängnis!"

„Die ganze Welt ist so blöd, die soll sich mir anpassen!"

„Alle anderen können nicht Schritt halten, nur ich alleine halte Schritt."

> **Agilität ist keine Fluchtburg, sondern ein Angriffsmarsch.**

Solche „Bremser" (zwei Füße auf der Bremse, Handbremse 90 Grad angezogen) verstecken sich sehr gerne hinter der Agilität, ohne sie wirklich zu begreifen und ihre Prinzipien zu kennen. Sie sind der Meinung, man ist dann agil, wenn man nur das tut, was von einem verlangt wird, man schiebt die Verantwortung gerne von sich auf andere („Ping Pong"-Pattern) oder das Team ab und hat immer genug Polster zurückzufallen, sodass jemand anderer die Aufgaben übernimmt. Widerlich, kontraproduktiv, katastrophal! Manchmal leider auch konsequent, nachvollziehbar, dann nämlich wenn jede Form von Eigeninitiative und Verantwortungsbewusstsein konterkariert wird (z.B. in einer entsprechend pathologischen Projektatmosphäre).

Wer sich nicht bewegt, bewegt gar nichts. Agil sein bedeutet, sich zu bewegen, sich stets zu verbessern, immer wachsam für etwaige Probleme zu sein und schnelle Kurskorrekturen vorzunehmen – also permanent den Angriffsmarsch zu blasen. Stattdessen flüchten sich solche Spezialisten in die Agilität wie in eine sichere Burg.

**Technomanie**

Auf einer Technologieparty tun sich diverse Fanatiker zusammen, um sich die neuesten elektronischen Spielzeuge anzukucken und sich gegenseitig zu beneiden. Waren Sie mal auf so einer Party? Da stehen halbwegs erwachsen und weniger erwachsen wirkende Altbabys herum und reden in kurzen, prägnanten Ausdrücken miteinander: „boah", „geil", „cool", „wow" etc. Wer nicht mindestens das neueste Handy dabei hat, hat verloren und wird als Opa oder so ähnlich abgestempelt.

Lassen Sie so jemanden Ihre Software entwickeln? Ja? Selber schuld. Daraus wird nämlich nichts. Viele Firmen haben den Fehler gemacht, hartgesottene Vollblut-Geeks zu sich zu locken, die im Alltag aber vollkommen untauglich sind und keine kundenorientierte Software erstellen können. Soziale Anomalien treten hier ebenfalls häufiger zutage. Sie arbeiten schnell und somit agil? Falsch! Agil heißt, den Kunden zufriedenzustellen, nicht schnell etwas herunterzuklopfen. Das kann hilfreich sein, wenn man weiß, was und warum man klopft, ist aber keine unbedingte Voraussetzung. Beherrsche die Technik, erkläre sie aber nicht zum Kult, da sie außer dir und deinen Gleichgesinnten niemanden mehr interessiert.

> Ein hartgesottener Vollblut-Geek kann eher agilitätsstörend sein.

## Aus dem wahren Leben

Einer kleinen Softwarefirma winkte ein Großauftrag eines Riesen. Es waren lauter Techniker, und der Geschäftsführer selbst war absolut technikverliebt. Sie hatten alle miteinander keinerlei Ahnung davon, wie man selbständig Kundenprojekte abwickelt, und waren stattdessen voll auf ihr eigenes Framework fixiert, auf welches sie sehr stolz waren, das sie aber noch bei keinem Kunden in einem Projekt eingesetzt hatten.

Um die Firma zu testen, vereinbarte man sogar, dass zuerst ein Pilotprojekt durchgeführt wird, etwas recht Kleines, was ziemlich schnellen Erfolg und Kundenakzeptanz versprach. Doch das besagte Unternehmen war schlichtweg blind gegenüber derartigen Chancen.

Die Entwickler begannen, eine technologische Großmaschinerie für diesen Kleinkram aufzusetzen. Allein die Einrichtung der passenden Entwicklungsumgebung dauerte zwei Mannwochen. Als technikverliebte Geeks haben die Jungs nie eine vorgefertigte Umgebung gehabt, sie haben das Rad jedes Mal mit immer besseren Tools neu erfunden.

Immerhin, die Einrichtung der übermäßig tollen Umgebung schritt sehr gut voran. Der Pilot aber wurde funktional maßlos unterschätzt, sodass die ur-

> sprüngliche Idee, das Ding an nur einem Tag herunterzuklopfen, sich als Trugschluss herausstellte. Und es kam noch schlimmer – die Erstellung dauerte schon Wochen, bis der Kunde das Ganze einfach abbrach und die Zahlung verweigerte. Mit Recht, denn im Grunde war nichts fertig. Was nutzt einem da die ganze Technik? Die einfachsten Anforderungen wurden nicht umgesetzt, also ist die Technik reif für den Schrottplatz.

Damit es einem nicht so wie in dieser wahren Geschichte ergeht, sollte man die Technik als Mittel zum Zweck sehen, nie als Selbstzweck. Wenn Sie rein technisch tätig werden wollen, sollten Sie in ein Forschungszentrum oder ins Labor gehen. In der freien Wirtschaft ist nur selten Platz für rein technische Spielereien. Gut, bei Google oder Microsoft vielleicht, deswegen zieht es da ja auch so viele Geeks hin, als wären ihre Firmenlogos mit Honig beschmiert.

Ansonsten hat die freie Wirtschaft, also diejenige Wirtschaft, deren Haupterzeugnisse nicht die Software, sondern softwaregestützte Produkte und Dienstleistungen sind, nicht viel Spielraum für Technologieeskapaden zu bieten. Die Technik muss der ITler natürlich beherrschen, sie wird vorausgesetzt (natürlich behauptet jeder Bewerber, er könne den vollständigen Technologie-Stack auswendig). Aber daneben braucht er noch eine ganze Menge Qualitäten wie Kundenorientierung, Sozialkompetenz und gesundes Augenmaß bei der Lösungsentwicklung. Wer sie hat oder in sich entwickelt, wird langfristig Erfolg als Entwickler haben und kann sich zum Austoben gerne mal an einem Open Source-Projekt versuchen.

**Technik ist kein Selbstzweck und kein Zufluchtsort.**

Ein weiteres typisches Problem, welches zur Technomanie führt, ist die Realitätsflucht. Ein Entwickler flüchtet sich in die Technik, um der alltäglichen Routine und dem Kundenkontakt zu entfliehen. Es ist viel einfacher, im dunklen Kämmerlein an der vierzigsten Version des Unix-Tools *tar* zu basteln, als sich den rauen Winden auszusetzen, die in der Softwareentwicklung herrschen. Und die Fachlichkeit als solche interessiert einen Technikverliebten überhaupt nicht. Unter Technikern wird man zwar für die technischen Finessen geschätzt, doch der Kunde ignoriert sie einfach (oder fragt bloß, warum die Entwicklung solange dauert), er sieht über sie hinweg – er sieht ausschließlich seine Lösung und deren Erfolg bzw. die mit dieser Lösung verbundenen Risiken.

Geschätzt wird die Fähigkeit, fachliche Probleme mit Software zu lösen, und das möglichst in einer technisch versierten Art und Weise. Nicht jedoch die selbsterfundenen technischen Anforderungen zu lösen, die sich rein zufällig mit den fachlichen Anforderungen in Teilen überschneiden oder dem Kunden nachträglich als seine Anforderungen verkauft werden (manchmal werden dem Kunden auf diesem Weg auch Bugs und sonstige Fehlfunktionalitäten untergejubelt. Der englische Spruch dazu lautet: „It's not a bug, it's a feature!")

Eine weitere mögliche Ursache für Technomanie ist die Angst vor Fehlern, die die Entwicklung paralysiert. In den Unternehmenskulturen, die eine geringe Fehltole-

> Agilität erfordert Spielraum zum Fehlermachen.

ranz aufweisen, sind Entwickler und ITler insgesamt so verängstigt, dass sie jede Kleinigkeit von allen nur erdenklichen Seiten betrachten, bevor sie sie überhaupt anfassen. Meistens betrachten sie sie einfach so lange, bis sie tot ist, wenn sie zu viel Risiko birgt. Daher rühren endlose Debatten, unzählige Abstimmungsmeetings, kilometerlange Architekturskizzen, baumdicke Prozesshandbücher, bremsende, lähmende Verträge etc. pp.

Manchmal kommt diese Angst vor Fehlern auch aus der Unerfahrenheit der Entwickler. Daher ist es unentbehrlich, Leuten eine Chance zur technischen Entwicklung zu geben, die sie dann in die aktive Arbeit an der Umsetzung der fachlichen Anforderungen transportieren. Wer da den eigenen Entwicklern die erforderlichen Schulungen und die Teilnahme an Kongressen unter dem Vorwand verweigert, dass das alles nicht notwendig sei, erntet hinterher nur Mist.

## Aus dem wahren Leben

Eine wahrhaft fabelhafte Begründung zur Schulungsverweigerung kam einem von uns mal unter: Der Vorgesetzte sagte, er habe seinerzeit – vor einigen Jahrzehnten – auch keine Schulungen erhalten, also soll man sich nicht so anstellen, Klappe halten und einfach nur arbeiten. Klar doch, damals hat man ein Mammut auch mit einem Steinmesser erlegt ...

Aber manchmal neigen Designer dazu, maßlos zu übertreiben, insbesondere dann, wenn ihnen die Erfahrung fehlt oder sie die Komplexität der Lösungen aus irrationalen Gründen erhöhen. Wozu führt das? Es führt zu einem System, das über eine immens große „accidental complexity" verfügt. Das ist die Komplexität, die nicht im Zusammenhang mit der Aufgabe steht und nicht notwendig ist, um das originäre Problem zu lösen. Das Gegenteil davon ist übrigens die „essential complexity", die inhärent und unumgänglich ist, um die Aufgabenstellung zu lösen. Es ist die „accidental complexity", die tunlichst vermieden werden soll – durch gesunden Menschenverstand, Verhandlungsgeschick und angemessene Askese. Denn erst wenn Sie der Lösung nichts mehr wegnehmen können, wenn sie so einfach wie möglich ist und ein möglichst einfaches Design besitzt, ist das Ziel erreicht.

*"I would have written a shorter letter,*
*but I did not have the time."*

*Blaise Pascal*

# 12 Einfachheit

Quelle: ©iStockphoto.com/vspn24

**"Simplicity – the art of maximizing the amount**
**of work not done – is essential."**

**„Einfachheit – die Kunst der Maximierung der nicht getanen Arbeit –**
**ist essenziell."**

> **Anekdote**
>
> Ein Mann bewirbt sich um einen Job auf einer Baustelle. Der verantwortliche Manager fragt ihn: „Und – was können Sie so alles machen?" Der Bewerber: „Nun ja, ich kann z.B. graben." Der Manager: „Aha. Und was können Sie noch?" Der Bewerber überlegt lange und sagt: „Na, ich kann außerdem auch mal *nicht* graben".

Ganz *schlicht* und *einfach* gehalten, sagt einem das Prinzip der Einfachheit: Tue nur das Nötigste, um Erfolg zu haben. Machen Sie nichts, was Sie nicht brauchen. Definieren Sie Ihr kontextabhängiges Minimum und erreiche es. Versuchen Sie, Ihre Projekte in Bescheidenheit und angemessener Askese abzuwickeln.

Verzichten Sie auf Schnickschnack, den niemand honorieren wird. Stattdessen wird man Sie höchstwahrscheinlich dafür verfluchen oder ans Kreuz nageln. Denn Sie können entweder die Termine nicht halten oder die, die nach Ihnen kommen, brechen sich die Hirnwindungen bei dem Versuch, Ihre komplexen künstlerischen Ergüsse nachzuvollziehen. Versuchen Sie nicht, in Schönheit zu sterben.

Die Konstruktion von Einfachheit ist um einiges schwieriger als die der Komplexität. Und das Loswerden des unnötigen Ballasts ist noch viel schwieriger. In die gleiche Kerbe wie das Einfachheitsprinzip schlägt übrigens das landläufig bekannte KISS-Prinzip. Das Akronym KISS steht für „Keep It Simple, Stupid" und betont ebenfalls, wie wichtig es ist, ein Problem möglichst einfach, minimalistisch und verständlich zu lösen. Befolgen Sie dieses Prinzip, so gut Sie können.

## 12.1 Die Bedeutung

Die Geschichte des Prinzips der Einfachheit ist etwas älter als das Agile Manifesto. Sie geht zurück in die Antike und hinsichtlich der Wissenschaft bis ins Mittelalter. Der Philosoph Johannes Clauberg (1622-1665) prägte mit „Ockhams Rasiermesser"[1] ein wichtiges Prinzip der wissenschaftlichen Methodik, das Sparsamkeitsprinzip der Wissenschaft. Das Prinzip lässt sich wie folgt zusammenfassen:

1. Von mehreren Theorien, die den gleichen Sachverhalt erklären, ist die einfachste allen anderen vorzuziehen.

---

[1] Vgl. http://de.wikipedia.org/wiki/Ockhams_Rasiermesser

2. Eine Theorie ist im Aufbau der inneren Zusammenhänge möglichst einfach zu gestalten.

Das lässt sich wunderbar auf die IT übertragen.

Das genaue Gegenteil von Einfachheit ist Komplexität, um es einmal ganz *einfach* auszudrücken. Komplexität ist wesentlich *einfacher* zu erreichen als Einfachheit. Es verhält sich wie beim Zu- und Abnehmen: Mehr Pfunde bringt man wesentlich schneller auf die Waage, als man es sich wünscht. Sie wieder loszuwerden oder gar nicht erst drauf zu bekommen, darin liegt die eigentliche Herausforderung und Kunst.

### Einfachheit des Denkens

Die Menschheit befasst sich schon lange mit dem Prinzip der Einfachheit. Es liegt in der Natur des menschlichen Gehirns, einfache Wahrnehmungen den komplizierten vorzuziehen. Da gibt es nur wenige Ausnahmen. Unser Gehirn strebt es buchstäblich an, das Geschehen mit dem sog. R-Hirn wahrzunehmen. Die rechte Hirnhälfte (auch: rechte Hemisphäre) ist für das Bildliche, Emotionale und Wiedererkennbare zuständig. Es kann Informationen mit rasanter Geschwindigkeit parallel verarbeiten – vorausgesetzt, diese erfordern keine analytische Verarbeitung. Für diese ist nämlich unser sogenanntes L-Hirn zuständig: die linke Hälfte, die aufgrund ihrer Bestimmung deutlich langsamer und sequenziell arbeitet.

Die analytische Tätigkeit verbraucht Unmengen von Energie und lässt uns schnell ermüden. Demgegenüber ist die bildliche Wahrnehmung nahezu „aufwandsneutral" – vorausgesetzt, die dazu notwendigen Erkennungsmuster sind einprogrammiert. Haben Sie sich jemals gefragt, warum wir immer nach dem kürzeren Weg suchen? Oder warum wir beim Aufräumen versuchen, das Ergebnis gründlich aussehen zu lassen, statt es wirklich gründlich zu tun? Oder warum wir komplexe Musik nicht länger als ein, zwei Stunden am Stück ertragen können, selbst wenn wir sie genießen? Wir ermüden schnell, und das Gehirn will in den verspielten R-Modus schalten. Dort ist das Leben einfach, bunt und kaum anstrengend.

Ergo: Wir suchen immer nach einfachen Wegen oder sollten es zumindest immer tun, damit unser Gehirn für längere Zeit leistungsfähig bleibt und wir die erfolgreichen Wiedererkennungsmuster immer und immer wieder anwenden können. Das allerdings soll nicht heißen, dass unser L-Hirn arbeitslos werden soll. Ohne analytische Tätigkeit wären wir – Autoren und Leser dieses Buches – arbeits- und nutzlos. Wir müssen nur lernen, Dinge, die an sich einfach machbar sind, auch tatsächlich so einfach und effizient wie möglich zu machen, ohne dabei ins Chaos zu geraten.

> Das Gehirn strebt Einfachheit an.

Das alles trifft auch auf unsere Arbeit in der IT zu. Aber was heißt es genau, *Einfachheit* operativ auf die IT anzuwenden? Die ingenieursnahe (also auch IT-) *Einfachheit* (als Gegenteil von *Komplexität*) kann als Zustand ausgedrückt werden, bei dem nur wenige Faktoren zum Entstehen beigetragen haben und bei dem das Zusammenspiel der Faktoren durch wenige Regeln beschrieben werden kann. Sehen wir uns diese Einfachheit vor dem Hintergrund der IT-Lösungen und -Werkzeuge genauer an.

### Einfachheit der Lösung

Versuchen wir doch mal wie klassische Ingenieure, die wichtigsten Teilfragen aus der komplexen Frage „Was ist Einfachheit in Bezug auf IT-Lösungen?" zu extrahieren und in *einfachere* Happen zu schneiden. Durch Zerkleinerung *vereinfachen* wir *(Teile und herrsche* oder wie der Lateiner sagt: *divide et impera)*. Diskutieren wir als Erstes die Beziehung zwischen Einfachheit und technischer Finesse. Tabelle 1.1 beschreibt Fragen, die wir stellen können, in Bezug auf die Einfachheit des Programmcodes.

Tabelle 1.1: Fragen der Einfachheit vs. technische Finesse

| Mögliche Frage | Mögliche Antwort |
| --- | --- |
| Wann ist ein Stück Code kompliziert? | Wenn das Gehirn mehrere Anläufe benötigt, um es zu verstehen. Eine kurze Durchsicht muss immer ausreichen, um zu wissen, was ein Stück Code tut. |
| Ist einfacher Code schlechter als raffinierter, komplexer Code? | Warum? Beide können funktionieren, und der einfache Code wird es auch nächste Woche nach einer Anpassung tun, sofern er einfach bleibt. |
| Ist einfacher Code nicht die Tugend der Novizen? | Ganz im Gegenteil, es dauert viele Jahre, bis man effizienten und funktionierenden, einfachen Code schreiben kann. Es gehört eine Menge Erfahrung dazu. |
| Aber kann ich mich im einfachen Code überhaupt als Techniker verwirklichen? | Die Einfachheit des Codes hat nichts zu tun mit der Qualität des implementierten Algorithmus. Nur bei Kryptographie ist es wirklich erforderlich, unleserlich zu schreiben. |
| Wie kann ich meinen Code vereinfachen? | Solange daran arbeiten, bis ein Außenstehender innerhalb von wenigen Minuten weiß, wie der Code funktioniert. |
| Was tun, wenn mein Code zu komplex geworden ist? | Durch Refactoring verbessern natürlich. Zunächst groß beginnen und die Umschreibung immer weiter vertiefen und detaillieren. Nie aber eine ausreichende Regressionstestdecke vergessen. |
| Wie kann ich vermeiden, dass mein Code zu komplex wird? | Durch regelmäßiges Refactoring gen Einfachheit. |

Es gibt mehrere Möglichkeiten festzustellen, ob der Code einfach ist. Man kann die Einfachheit eines funktionierenden Codes ziemlich gut an dessen wahrgenommener Qualität messen, z.B. durch ein manuelles Code-Review. Sie sollten Ihren Code übrigens immer reviewen lassen, egal ob in einem reichhaltigen Prozess (mit explizitem Review eines *Prüflings*) oder über eine agile Vorgehensweise.

> Nur durch Review erfahren Sie, ob Ihr Code einfach ist.

Die Angst vor registriertem, beleuchtetem Versagen darf Sie nicht davon abhalten, andere Ihren Code sachlich und konstruktiv reviewen zu lassen. Vier Augen sehen immer mehr als zwei. Und ganz grundsätzlich: Wie wollen Sie lernen und besser werden, wenn niemand Sie auf Ihre Missgeschicke hinweist? Es geht nicht darum, Versagen aufzudecken, ganz im Gegenteil: Sie werden mit dem Reviewer zum Team, denn auch er lernt durch das Review. Agile Strategien wie das Pair Programming[2] sehen stetigen Review als essenziellen Bestandteil der Entwicklung vor.

Ein weiterer Aspekt der Einfachheit der Lösung befasst sich damit, was konkret umgesetzt wird. Ihre Programmierarbeiten bauen hoffentlich auf einem Auftrag auf (nein, es ist *nicht* agil, einfach in die Tasten zu hauen). Es sind konkrete Anforderungen, an denen Sie sich bei der Umsetzung orientieren. Diese Anforderungen liegen dokumentiert und priorisiert vor. Die Priorisierung orientiert sich dabei insbesondere daran, welches neue Feature den meisten Mehrwert bringt, und zwar nicht im technischen, sondern im fachlichen bzw. finanziellen Sinne (siehe dazu auch Kapitel 3 und 4).

Ein diszipliniertes Ausrichten Ihrer Arbeiten an priorisierten Anforderungen fördert die Einfachheit der erstellten Lösung ungemein. Wenn man sich im Spagat zwischen pragmatischer Herangehensweise (zielorientierte Umsetzung) und einer generischeren Lösung befindet, die durch Abstraktion mehr Anwendungsfälle oder Durchlaufszenarien abdeckt, muss man sich das immer bewusst machen, da es zwangsläufig zu Kompromissen an beiden Enden führt.

Im Spannungsfeld der iterativen und inkrementellen Entwicklung haben sich beispielsweise Refaktorisierungen und inkrementelles Design bewährt. Und genau an dieser Stelle zeigt sich, wie wichtig Erfahrung ist: Inkrementelles Design lässt sich gut vergleichen mit dem langsamen Navigieren durch ein Minenfeld.

## Ich muss ans andere Ende des Minenfelds

Stellen Sie sich vor, Sie befinden sich mitten auf einem Minenfeld. Nette Vorstellung, nicht wahr? Und Ihre Aufgabe ist es, das andere Ende des Feldes zu erreichen. Heil, versteht sich. Einfache Aufgabe, oder? Genau.

---

[2] http://de.wikipedia.org/wiki/Paarprogrammierung

Sie haben Ihr Basisrüstzeug dabei: Minensuchgerät, eine Karte etc. pp. Sie wissen aber nicht, welche Minen das sind. Vielleicht solche, die auf Ihr Suchgerät positiv mit einer netten Explosion reagieren, weil sie die Veränderung des Magnetfelds registrieren. Und die Karte ist nichts wert, weil es für das Minenfeld keinen Lageplan gibt. Ist die Aufgabe immer noch einfach? Heil dort drüben ankommen. Na ja. Trotzdem: auf geht's.

Was tun Sie? Millimeterweise vorwärtsmarschieren? Doch das Russische Roulette mit dem Suchgerät spielen? Hm. Gar nicht so einfach. Und vor allem, wer garantiert Ihnen, dass, während Sie da im Schneckentempo vorankommen, nicht doch jemand aus dem Hinterhalt auf Sie schießt, wo Sie doch eine so gute, unbewegliche Zielscheibe abgeben?

Aber denken Sie doch einfach nach. Ihr Ziel ist das andere Ende des Minenfelds. Ihre Aufgabe war nur, das andere Ende zu erreichen. Keiner hat davon gesprochen, dass Sie *durch* das Feld gehen müssen. Vielleicht geht es außen herum schneller und mit weniger Unfällen? Na also. Und prompt sind Sie am Ziel. Achten Sie darauf, dass Sie den Radius um das Feld herum nicht zu eng nehmen, aber ansonsten ist die Aufgabe doch sehr *einfach* erledigt. Bravo!

Man erkennt die Gefahren anhand bekannter Muster, verlässt sich auf sein geübtes Gespür und kommt Schritt für Schritt nicht nur dem eigentlichen Ziel näher, sondern erreicht es auch noch heil und unversehrt. Manchmal fliegen aber auch trotz der allergrößten Erfahrung mal so richtig die Fetzen, das liegt dann allerdings in der Natur der Softwareentwicklung selbst.

### Einfachheit der Werkzeuge und Prozesse

Betrachten wir nun die Einfachheit der Instrumente, der Werkzeuge und der Prozesse. Werkzeuge und Prozesse setzen wir Techniker täglich ein. Ihre Einfachheit in der Handhabung trägt massiv zu unserer Effizienz und der Qualität unserer Erzeugnisse bei.

Haben Sie jemals beobachtet, wie das Angeln in den ärmeren Regionen der Welt mit hohem Touristenaufkommen vonstatten geht? Da sitzen diverse ausländische Reiseangler am Ufer des Flusses, ausgestattet mit den modernsten japanischen Hi-Tech-Angelruten, bis an den Hals bewaffnet mit technischen Spielereien. Um einmal einzuwerfen, benötigen sie zum Teil eine halbe Stunde. Da kommt ein kleiner einheimischer Junge vorbei mit einem einfachen langen dünnen Ast und einem Seil mit Gewicht und Haken dran, schmeißt ein paar Brotbrocken in den Fluss, wirft ein und holt gleich einen Fisch heraus, und dann einen nach dem anderen, einen ganzen Kübel voll.

Während die Touristenangler meist leer ausgehen, geht der Junge mit einem Kübel kleinerer Fische nach Hause und trägt damit entscheidend zum Abendessen seiner

> Das zu erreichende, vertretbare Minimum zählt.

Familie bei. Er hält es *einfach*. Sein zu erreichendes Minimum ist das Abendessen. Auf die Größe des Fisches und dessen generelle Perfektion kommt es dabei nicht an. Also wendet er die einfachsten Mittel an, um ausreichend zu fangen (in weniger umweltbewussten Ländern tut übrigens auch mal eine Stange Dynamit einen ähnlich effektiven Dienst). Dem Esser ist es an sich egal, welche Größe der Fisch hatte, der in den Magen kommt – Hauptsache satt. Das ist Einfachheit, optimale Effektivität gefolgt von traumhafter Effizienz.

Auch in der IT ist die richtige Auswahl von Werkzeugen wichtig, damit sie Ihnen die beste Unterstützung zur Erreichung Ihrer Ziele bieten. *Entscheidend* ist also auch hier das Ziel: Daraus ergeben sich die Anforderungen, anhand derer Sie die richtigen Werkzeuge auswählen sollten. Nach der richtigen Auswahl steht die richtige Nutzung an. Optimale Effektivität und Effizienz ermöglichen Einfachheit – und in der Konsequenz hohen Durchsatz, hohe Motivation und letztendlich auch höhere Kundenzufriedenheit und akzeptables ROI (Return On Investment). Sehen Sie sich hierzu das Bild 12.1 an: Es stellt eine ähnliche Situation aus einem anderen Umfeld dar.

Bild 12.1: Wenn dein einziges Ziel das Überleben wäre, wie einfach würdest du es erreichen wollen? (Quelle: ©iStockphoto.com/mit4711)

> Erst Menschen, dann
> Prozesse, dann Werkzeuge

Ganz ähnlich sieht es bei den Prozessen aus. Ein Vorgehensmodell beschreibt, wie Sie Ihre Software entwickeln. Das können reichhaltigere Modelle sein wie V-Modell-XT, RUP oder das Spiralmodell. Es können aber auch agile Vorgehen sein wie Scrum. Wichtig ist, dass zunächst das Vorgehen definiert, zugeschnitten und etabliert werden muss, bevor Werkzeuge ins Spiel kommen – nicht umgekehrt!

Auch Prozesse müssen einfach sein. Wenn sie nicht einfach sind, werden sie nicht genutzt. Ein zu komplexes Vorgehen, das an der Realität vorbeigeht, hat nicht selten zur Folge, dass ein Schattenvorgehen existiert. Es existieren also ein definierter, kaum gelebter Prozess auf dem Papier und ein undefinierter, an die Praxis angepasster Prozess, der tatsächlich gelebt wirbt. Und dass weder unnötige Bürokratie noch Selbstverwaltung im großen Stil wirklich förderlich sind, ist wohl naheliegend.

## 12.2    Die Fehlinterpretationen

Egal, ob *Ignoranz* oder *Übertreibung*, beide Extreme führen zum Gegenteil von Einfachheit – zu Komplexität. Das alles Entscheidende ist das kontextabhängige, sinnvolle Minimum. Dieses zu erkennen und zu definieren, ist allerdings alles andere als einfach. Hier spielt die Erfahrung und die Umfeldkenntnis eine ganz wichtige Rolle. Junge, angehende Experten neigen gerne zur Übertreibung[3] , alte Hasen sehnen sich nicht selten nach allzu großer Vereinfachung, um das ohnehin überstrapazierte Gehirn nicht noch zusätzlich zu belasten. Hier ist kein Platz für politische Korrektheit oder Nachsicht, hier geht es rein um den Projekterfolg. Nur er zählt, und er sollte mit so wenig Aufwand wie nur irgend möglich erreicht werden.

> Nur der Erfolg zählt, aber
> nicht über Leichen.

In der Praxis sind die beiden Extreme sehr häufig anzutreffen. Es scheint tatsächlich paralysierend zu sein, wenn das Prinzip der Einfachheit in einem Team zur Regel erhoben wird. Menschen hören einfach mal gerne auf zu denken, und streichen mit dem unnötigen Ballast auch lebenswichtige Dinge. Dabei wird das Prinzip selbst als Schutzschild und Ausredengenerator verwendet. Das andere Extrem, die Ignoranz, die das Einfachheitsprinzip direkt anspricht, bestimmt nach wie vor den Alltag – vor allem in größeren Unternehmen mit wenig Dynamik. Hier werden z.B. Überladungsexzesse, Selbstverwaltung und sinnlose Bürokratie zum Selbstzweck erhoben und behindern jedweden Fortschritt, egal ob in kleinen oder großen Projekten.

---

[3] http://en.wikipedia.org/wiki/Second-system_effect

### Ignoranz

Es ist nicht übertrieben zu behaupten, dass eine signifikante Menge an Ingenieuren es nicht gerade ablehnt, Komplexität zu konstruieren. Das liegt nicht nur daran, dass die Fachkraft eine spannende, außergewöhnliche Lösung anstrebt oder Genugtuung empfindet, wenn sie raffinierte Tricks anwenden kann. Der ungebremste Spieltrieb sowie das Streben nach Anerkennung unter Gleichgesinnten hat schon oft das eine oder andere Projekt gefährdet oder gar ruiniert (siehe dazu auch Kapitel 11).

Im Ernst: Funktionierende Programme und Systeme sind das Wichtigste. Der an der Lösung interessierte Kunde will die Anwendung nutzen. Er nutzt nicht die 10 Design Patterns, 27 Refactoring Patterns, 12 Prefactoring Patterns, eine neue DSL (Domain-Specific Language) und das generische KI-Modul (ungefähr so, wie es das Bild 12.2 zeigt). Die Anwendung muss ganz einfach die Anforderungen erfüllen. Zukünftige Entwickler der Anwendung (Wartung und Erweiterung sind dabei die entscheidenden Stichwörter) sind an einer einfachen, aber effektiven und möglichst stressfreien Weiterpflege interessiert.

> Spieltrieb und „auf Halde produzieren" ruinieren die Einfachheit.

Bild 12.2: Nochmal kurz fürs Foto fit machen, klick und … die gesamte Konstruktion bricht zusammen und begräbt den Pickup-Fahrer unter sich. So viel zum Thema „Überladen" … (Quelle: ©iStockphoto.com/enviromantic)

Die Entwickler von morgen wollen sich selten ernsthaft mit dem Code der Entwickler von heute beschäftigen oder gar anfreunden – sie können und würden es ohnehin eh alles anders und viel besser programmieren (*Merke*: Der gestrige Code anderer Entwickler wird auch als *Legacy* bezeichnet). Änderungen an der verständlich geschriebenen Anwendung sollen schnell möglich sein. Sowohl im Bereich Anwendungsfunktionalität als auch beim Design und Coding der Anwendung soll nichts „auf Halde" produziert werden. Es muss und darf genau nur das möglichst einfach umgesetzt werden, was dem Anwender einen Mehrwert bringt (siehe dazu Kapitel 3).

Verfolgen Sie doch mal diesen leicht verdichteten und zugespitzten Mitschnitt eines Technikerdialogs und versuchen Sie, Ihre aktuelle Einstellung zur Einfachheit in der Programmierung einzuschätzen. Sind Sie vielleicht einer von den beiden oder wird Ihnen eher schwarz vor Augen, wenn Sie das lesen?

### An der Konsole – Ein Mitschnitt

Otto: Du, Kollege, ich habe eine Frage. Ich stehe hier gerade vor einer Programmieraufgabe und kann sie unterschiedlich lösen. Ich würde sie gerne einfach lösen. Zu diesem Zweck habe ich mal folgenden Einstieg gewählt: Wie Du siehst, habe ich möglichst viele Routinen in diese eine, zentrale Klasse gebündelt. Guck' mal, diese Zeile ist klasse: ganz viele Befehle kompakt in einer Zeile. Ich musste allerdings den Standardwert einer Regel in Checkstyle[4] von 10 auf 82 erhöhen, um nicht zu viele Warnungen zu bekommen. Was denkst Du?

Hansi: Hey, cool, zeig' mal. Wow, du bist ja echt ein Held – und das sieht ja so kompakt aus. Aber warte, dieses Pattern-Matching würde ich noch dazunehmen, sonst musst du da noch die Klammern dazu schreiben. So sieht es doch viel kürzer aus. Auch wenn wir es morgen selbst nicht mehr verstehen, wenn es erstmal läuft, läuft es.

Otto: Danke. So mach ich's. Ich wollte noch diese raffinierte Funktionalität anschließen, die wir ganz sicher in zwei Jahren benötigen werden. Dann habe ich das mir noch fehlende Design-Pattern auch mal umgesetzt. Und dann checke ich das ganze Zeug ein. Ist es OK für Dich, wenn ich Checkstyle aus dem Weakly Build nehme? So läuft es schnell durch. Ich glaube, das ist einfacher …

Hansi: Aber sicher doch, den Schmarrn braucht doch eh keiner! Und sieh zu, dass du von Word und Oracle komplett abstrahierst - vielleicht tauschen wir diese Komponenten in einigen Jahren aus. Mach' ein paar Proxen davor rein, und wrappe es mit einem Industriestandardinterface, das empfiehlt sich immer, habe ich irgendwo gelesen.

Otto: Ja, gut. Ich habe schon einige Komponenten mehrfach abstrahiert. Aber an die Datenbank habe ich noch gar nicht gedacht. Du hast vollkommen Recht. Leider ist der SQL-Dialekt unterschiedlich. Hier sollten wir aber generisch aufgestellt und für etwaige zukünftige, strategische Neuausrichtungen gewappnet sein. Ich muss nur schauen, wie ich am besten die DB-

---

[4] Werkzeug zur statischen Code-Analyse

Abstraktion mit dem modellbasierten Ansatz verheirate, den ich auch mal ausprobieren wollte. Als Allererstes aber werde ich mal den Build-Rechner ausschalten. Dann müssen wir nicht mehr so lange auf die laufenden Tests warten. Dann kommen wir flotter und einfacher zum Ziel.

Hansi: Klar, ich kompiliere es doch eh alles nur lokal und checke erst gar nicht ein – der SVN-Server ist so lahm, und diese Near-Shore-Fuzzies machen da immer so viele Konflikte rein, da bin ich mir zu schade für, sie aufzulösen – soll das doch der Integrator machen. Und zum Thema SQL-Abstraktion: Mach' doch 'ne DSL, ich habe gehört, die sollen richtig geil sein, dann musst du dich mit dem SQL-Krampf erst gar nicht beschäftigen, sondern kannst gleich ein klares Deutsch tippen. Und dann haben wir auch die richtige Voraussetzung, um das im nächsten Schritt in die Wolken zu hieven. Cloud Computing – da freuen sich unsere Bosse.

Und? Kommt Ihnen so etwas bekannt vor? Nein? Ach, bitte, wir sind doch unter uns. Die in so einem Dialog zwischen zwei Programmierern erdachte und danach umgesetzte Lösung kann das Technikerherz im Augenblick der Entstehung extrem freuen. Sie führt aber in der Wartung sofort zu Hindernissen und Berührungsängsten. Der entstehende Code ist grauenhaft, verbaut, überfüllt, defokussiert, einfach nur schlecht, egal, wie technisch raffiniert die daraus resultierende Lösung ist. Die Komplexität ergibt sich also automatisch aus der absoluten Schlechtigkeit.

### Übertreibung

Man kann es mit der Vereinfachung auch gnadenlos übertreiben. Haben Sie sich noch niemals über Projekte geärgert, in die Sie geholt werden, um das Unmögliche möglich zu machen und diese zu retten, und fangen bei Null an? Sie erhoffen sich eine ausreichende Menge an Projektdokumentation, und dann … finden Sie gar keine vor.

Auf Ihre Fragen, wo Sie denn nun etwas nachlesen können, werden Sie in etwa mit folgender Aussage abgefertigt: „Ach, wir gehen ganz agil vor, also schreiben wir keine Doku. Der Code ist ja eh die einzige Wahrheit, also schauen Sie da nach". Oder: „Der Code ist selbstsprechend". Etwas nachdenklich, aber trotzdem noch nicht ganz entmutigt tun Sie wie geheißen, und

> Der wichtigste Treiber der Vereinfachung ist der gesunde Menschenverstand.

dann … Der Code ist nahezu gar nicht kommentiert, und was kommentiert ist, sind völlig sinnlose Monsterpassagen. Kommentare wie „Am 03.03.2003 wollte der Thomas, dass ich es dringend implementiere" oder „Achtung: Ich weiß nicht was hier passiert, aber es wird immer eine Null abgeschnitten, also füge ich einfach mal eine hinzu" gehen einigen Hunderten von Codezeilen voran, bei denen

Sie nicht wissen, ob sie überhaupt noch relevant sind. Keine Beschreibung der Funktionsparameter, keine Klasseninformationen. Nichts. Klingt das einfach? Nein, das klingt schlichtweg blöd.

Bei jeder Vereinfachung einer Sache oder eines Sachverhalts muss der gesunde Menschenverstand eine entscheidende Rolle spielen. Überhaupt ist das eingeschaltete und aktive (kein Stand-by) menschliche Gehirn ein extrem wichtiges Vehikel bei der Befolgung auch dieses agilen Prinzips. Wenn die agile Bewegung „verlangt" (das meinen manche, aber um das klarzustellen: Sie empfiehlt es nur), Dinge einfacher zu sehen und zu machen, darf das nicht heißen, dass jedwede Prinzipien der Ordnung und der Vernunft über Bord geworfen werden. Ein agiles Prinzip ist niemals eine ausreichende Ausrede für die eigene Dummheit und Verantwortungslosigkeit.

> **Meta-Pattern:**
> **Nicht blind vertrauen,**
> **sondern mitdenken**

Einfachheit kann sowohl positiv als auch negativ bewertet werden – je nachdem, wer sie betrachtet. Eine wie im Rahmen des Agilen Manifests bewusste, explizite Betonung des Ziels, die einfachste Lösung anzustreben, schützt die Beteiligten. Nicht selten wird in der IT die einfachste Lösung gebrandmarkt: Ist das wirklich so „einfach"? Und dafür brauche ich so eine Fachkraft? Und das dauert so lange? Oder noch besser: „Wenn's so einfach ist, dann kann's doch nichts taugen. Hast du auch an den Excel-Import gedacht?" (sehr beliebt bei den Kite-Level-Managern. Oder waren es doch die Exosphären-Level-Manager? Schade, das Mr. Cockburn, einer der Vordenker der agilen Softwareentwicklung, nichts darüber geschrieben hat).

Denken Sie mit und machen Sie sich Ihr eigenes Bild. Glauben Sie beispielsweise nicht blind alles, was Ihnen ein Experte für Agilität als „Einfachheit" verkauft. Holen Sie sich neue Impulse, ja. Schalten Sie Unterstützung zu oder einen Coach mit Erfahrung. Es wäre im Einzelfall aber vielleicht „einfacher", den Berater für Agilität nicht anzuheuern. In diesem Kontext: Wer coacht eigentlich den Coach? Ist es nicht zu *einfach*, ihm alles zu glauben?

*„Man muss noch Chaos in sich haben,*
*um einen tanzenden Stern gebären zu können.“*

*Friedrich Nietzsche*

# 13 Selbstorganisierende Teams

Quelle: ©iStockphoto.com/MAGorman

"The best architectures, requirements, and designs emerge from self-organizing teams."

„Die besten Architekturen, Anforderungen und Designs ergeben sich aus selbstorganisierenden Teams."

**Anekdote**

Der Chefkoch hat seinem Lehrling zum ersten Mal anvertraut, etwas auf eine Geburtstagstorte zu schreiben. Als er eine Stunde später zurückkommt und nach dem Ergebnis fragt, beschwert sich der Lehrling, dass die Torte nicht so richtig in die Schreibmaschine passen wollte.

Das Prinzip besagt, dass nur die Teams, die ihre Autonomie auf Basis der Gleichberechtigung und der interdisziplinären Fähigkeiten leben und behalten dürfen, auch die besten – hinsichtlich der fachlichen und technischen Qualität – Softwareprodukte erzeugen.

Geben Sie dem Team seine Selbständigkeit. Verzichten Sie auf Mikromanagement bzw. invasives Management jedweder Form, denn dies führt nur zur Missgunst und zur Trotzreaktion. Verzichten Sie auf steuernde Flaschenhälse, die alle Entscheidungen alleine treffen. Verteilen Sie lieber die Verantwortung und den Erfolg auf alle Schultern im Team – so wird der Weg zum Ziel viel leichter und ebener.

Sehen Sie zu, dass Sie dem Team eher Hindernisse aus dem Weg räumen und seine Aktivitäten behutsam in die korrekte Richtung lenken. Die tatsächliche Arbeit sollen Sie aber dem Team selbst überlassen. Die Teammitglieder sollen selbst entscheiden, wer im Team was und wann macht. Moderieren Sie, statt zu kommandieren.

## 13.1 Die Bedeutung

Wenn man die Selbstorganisation von Teams betrachtet, kommt man eher früher als später auf den Begriff *Autonomie*[1]. Wikipedia beschreibt diesen Zustand als „[…]Selbstständigkeit, Selbstbestimmung, Unabhängigkeit, Selbstverwaltung oder Entscheidungsfreiheit[…]". Und ohne diesen Zustand ist ein Teamerfolg (egal ob in der Softwareentwicklung oder sonst wo) nur mit starken Einschränkungen möglich – wenn überhaupt.

**Autonomie ist nicht die Vorstufe zu Anarchie, sondern ein Erfolgsfaktor.**

Entgegen der in der klassischen Managementlehre verbreiteten Meinung, dass zuviel Demokratie bzw. Autonomie letztendlich zu Anarchie führt, kann man den umgekehrten Trend beobachten: Teams, die im Rahmen des Sinnvollen eine Arbeitsautonomie erhalten, entfalten sich sowohl als Team als

[1] http://de.wikipedia.org/wiki/Autonomie

**140**

auch hinsichtlich jedes einzelnen Mitglieds viel besser, schneller, produktiver, motivierter. Die Mitglieder haben das Gefühl, etwas zu bewegen und bewegen zu dürfen, sich einbringen zu können, und nicht einfach nur wie Roboter herumkommandiert bzw. zu Tätigkeiten angewiesen zu werden.

Natürlich sollte es nicht in Anarchie ausufern, wofür das wachsame Gemüt (nicht nur das Auge) des Managements sorgen sollte. Aber nicht imperativ, sondern wirklich nur steuernd, lenkend. Klar, die Entwickler (bzw. Geeks) würden am liebsten in die völlige Anarchie verfallen – sie bietet einen exzellenten Nährboden für Innovation und Experiment. Da sie aber auch nicht zu vorhersagbaren Ergebnissen führt, muss es bei der gelenkten Autonomie bleiben, in der all das ebenso möglich ist, aber eben in einem engeren Rahmen.

### Eine Hommage

Da sagt einer: Es gibt keine Demokratie in der Softwareentwicklung.

Dann sagt er: Wenn ihr euch selbst organisiert, was soll ich, der Chef, dann überhaupt noch machen?

Dann sagt er: Klar, organisiert euch selbst, solange mir einer täglich berichtet und den Gesamtplan pflegt.

**Divide et impera**

Kurioserweise wollen wir hier auch das uralte Prinzip des *Teilens und Herrschens* anbringen. Historisch gesehen, hat es sich bereits seit den Zeiten der großen Eroberer eingebürgert, ein großes Imperium in kleinere Gebiete aufzuteilen und diesen in einem gewissen Rahmen eine kontrollierte Autonomie zu gewähren. Zum einen konnten sich die kleineren Einheiten durch die strikte Trennung nicht zusammentun und die Obrigkeit angreifen, zum anderen aber ermöglicht es dem Herrscher die Kontrolle der nur ihm direkt unterstellten Hierarchiestufen, die wiederum ihre weiteren Stufen kontrollierten etc. pp. Nahezu jedes mittlere bis größere Unternehmen ist heutzutage so organisiert, ob es einem bewusst ist oder nicht, oder holen Sie sich für jede Kleinigkeit die Erlaubnis direkt von Ihrem CEO? Eben.

Warum interessiert uns das in diesem Zusammenhang überhaupt? Das hört sich doch alles nach einer Von-oben-Kratie an, oder? Nun ja, Organisationen, also auch Unternehmen, müssen hierarchisch aufgestellt sein. Doch Hierarchie muss nicht automatisch Starre heißen. Wenn diese Hierarchie natürlich, organisch und auf allen Ebenen entsprechend autonom ist, ist es eine gesunde Hierarchie.

Es ist schier unmöglich, dass ein Mensch eine größere Organisation alleine regiert, also gibt er den direkten Ebenen unter sich entsprechende Kompetenzen, usw. Das nennt man Delegieren. Diese Kompetenzen werden nach unten hin immer kleiner, keine Frage. Doch wenn das Prinzip der geteilten Herrschaft positiv (also auf die Art, wie es der Betrieb bei entsprechender Motivation der Mitarbeiter erfordert) angewandt wird, werden die Ebenen ausreichende Autonomien haben.

Zudem sind Projektteams meist ohnehin nicht nur interdisziplinär, sondern temporär hierarchisch, sie werden also aus Vertretern diverser Betriebshierarchien für einen temporären Zweck, also z.B. ein Projekt, zusammengestellt. Sie sind aber konkreten Personen oder Gremien unterstellt, die diesen Zweckteams ein Ziel und die Autonomie gewähren, die sie für dessen Erreichung unbedingt benötigen. Und das eigentliche Managen findet dann nur durch regelmäßige, „weiche" Kurskorrekturen statt.

> **Teams sind atomar und bedürfen keiner Hierarchie sowie keiner aufgezwungenen Prozesse.**

Eine aufgedrückte bzw. künstliche Hierarchie in einem Projektteam ist aber nicht sinnvoll, denn sie ist künstlich und unnatürlich. Teams sind quasi atomar und finden ihre Hierarchie selbst, sofern sie überhaupt eine für nötig erachten. Und da sie atomar sind, sind sämtliche Teammitglieder gleichberechtigt und sollten sich selbst organisieren. Erfolgreiche, agile Teams tun das auch, wobei es völlig unwichtig ist, nach welcher Methode sie sich selbst organisieren – nach Scrum oder Kanban o.ä. Die Entscheidung darüber ist ebenso dem Team überlassen, und es ist völlig unnötig und unsinnig, hier irgendwelche agilen Pseudostandards und Rituale aufzuzwingen.

### Demokratie

> **Demokratie in Teams funktioniert!**

Selbstbestimmung klingt in den Ohren des Managements immer so negativ und so sehr nach Entmachtung des Chefs. Dabei sollte sich doch jeder Manager Teams und deren Mitglieder wünschen, die selbständig arbeiten können. Und es ist schlicht falsch zu behaupten, dass Teams keine demokratischen Entscheidungen treffen können. Können sie wohl! Diese Behauptung wird lediglich von denjenigen aufgestellt, die nicht die Fähigkeiten besitzen, ein Team behutsam zu lenken und die erforderlichen Entscheidungen korrekt vorzubereiten, abzuverlangen und den Entscheidungsprozess durch Fragen und Antrieb in Richtung des Ziels zu unterstützen.

> **Teams müssen demokratisch agieren, bedürfen aber eines Leitwolfs.**

Niemandem nutzen die Entscheidungen, die durch eine Person vollverantwortlich getroffen werden: Wenn sie falsch sind, distanziert sich der Rest. Und auch die Endlosdebatten aufgrund der unkontrollierten Gleichberechtigung sind nur dann an der Tagesordnung, wenn das Team auf sich allein gestellt ist. Ergo: Ein selbstorganisierendes Team muss demokratisch agieren, es bedarf aber eines Leitwolfs, der das Team in die richtige Richtung *treibt*.

Wie ungewöhnlich und abschreckend das auch klingen mag: Modelle wie Scrum oder Kanban kümmern sich zwar um einen Antrieb bzw. ein zügiges Vorankommen, nehmen aber dem Team ein großes Stück Demokratie weg. Warum? Weil man den Prozess nicht starr halten und blind befolgen sollte, sonst mutiert das Ganze zur Autokratie des Modells selbst. Das Team sollte stattdessen die *wenigsten* denkbaren festen Eckpfeiler definieren und den Rest des Vorgehens flexibel halten, und über dessen Anpassungen *gemeinsam* entscheiden.

## Aus dem wahren Leben

Als sich ein hochmotivierter, sein gerade frisch erworbenes Zertifikat quasi noch in der Hand haltender ScrumMaster in einem etwas konservativen Unternehmen versuchen durfte, berief er als Erstes probehalber ein Standup-Meeting ein. Der Chef der eingeladenen Truppe lehnte es aber mit der Begründung sofort ab zu stehen, dass ihn seine Knie im Stehen schmerzen. Also saß er als Einziger, worauf hin der ScrumMaster immer noch versuchte, ihn von der Wichtigkeit des Stehens zu überzeugen. Das Meeting verlief nervös, da es von Anfang an schief und grotesk losging.

Als der ScrumMaster am nächsten Tag wieder mit dem Standup-Meeting ankam und auf dem Stehen bestand (mit dem Hinweis auf die Einhaltung der Richtigkeit des Scrum-Vorgehens), wollte ihm keiner mehr zuhören. Der Chef erklärte kurzerhand, das ganze Scrum-Getue sei Kindergarten. Einige Mitarbeiter stimmten ihm prompt zu – mehr oder weniger aus mitlauftechnischen Gründen. Und Scrum war dort ein für allemal verbraten.

Bei der Einführung eines agilen Vorgehens zählt nicht die Richtigkeit des jeweiligen Literatur- und Zertifikatprozesses, sondern die Mitwirkung der Beteiligten, das Zündfeuer, welches durch die Reihen geht. Denn genauso wie schwarze Schafe ein neues Vorgehen zersetzen können, so können auch weiße Schafe das Vorgehen unterstützen und als Multiplikator dienen.

Ohne demokratische Teamarbeit wird es immer Teammitglieder geben, die sich bequem zurücklehnen und die Verantwortung von sich schieben. Oder solche, die

**Entwickler wollen Freiheit.**

völlig demotiviert sind, da sie sich nicht verwirklicht, sondern kontrolliert sehen. Insbesondere in der Softwareentwicklung ist es extrem wichtig, den Entwicklern das Gefühl der Wichtigkeit, der Anerkennung und der Freiheit zu geben und Lenkung eher nichtinvasiv auszuüben.

### Schnittstellen nach außen

Demokratie bezieht sich also auf das Team und dessen Autonomie. Kein Mikromanagement von außen wird je zum Erfolg führen (siehe dazu auch Kapitel 7). Wenn doch, dann nur langsam und mit viel Mühe. Dennoch können das Team und sein anerkannter Leitwolf (der im Übrigen im Gegensatz zum ScrumMaster nach der klassischen Lehre, sehr wohl ein vollwertiges und mitarbeitendes Teammitglied sein sollte) nicht ganz alleine losrennen und Erfolg haben.

Wie auch immer man die Hauptkontaktperson in der „Außenwelt" bezeichnen mag – ob Product Owner oder Produktmanager oder ganz anders – das Team wird immer die Anforderungen von außerhalb umsetzen (siehe dazu Kapitel 4). Das autonome Team ist zwar ein in sich geschlossenes System, es erfährt aber regelmäßig Einflüsse von außen und liefert Ergebnisse nach außen ab.

Man muss sich ein autonomes, selbstorganisierendes Team im Außenkontext als eine Art Automobilgetriebe vorstellen. Es ist ein hochkomplexer Mechanismus, welcher regelmäßig geölt und überprüft werden soll, der aber bei Spritzufuhr ohne größere weitere Außenwirkung die Arbeit aufnimmt und verrichtet. Die Details des komplexen Mechanismus bleiben aber dem außen stehenden Betrachter (Fahrer) verborgen, und er mischt sich in diese auch nicht ein. Er kommt im Fahrzeug voran, indem er an den entscheidenden Punkten lenkend und bremsend eingreift, indem er die fest definierten wenigen Schnittstellen wie das Lenkrad oder die Bremse betätigt.

> **Ein Team hat wenige dedizierte Schnittstellen nach außen. Den Rest organisiert es selbst.**

Somit hat ein selbstorganisiertes Team nur einige wenige Schnittstellen nach außen: eine, um die Arbeit zu steuern, eine, um Resultate abzugreifen, und eine (oder eine kleine Kombination aus mehreren), um sich mit adäquater variabler Geschwindigkeit in die richtige Richtung lenken zu lassen. Der Rest bleibt voll und ganz dem Team überlassen, und es gibt niemals einen vertretbaren Grund, das Atom Team zu splitten, um dessen Einzelteilchen separat zu steuern – das würde der physischen Atomspaltung ähneln und mit gewaltigem Rumms auseinanderfliegen. Und niemand will doch eine Kernschmelze im Projektbüro, oder?

## 13.2 Die Fehlinterpretationen

Für dieses Prinzip gibt es unzählige Fehlinterpretationen, denn es fällt dem Management sehr schwer, die Kontrolle loszulassen und Teams Autonomie zu gewähren. Moderne Manager lernen es von Anfang an, die Mitarbeiter durch Freiheitsgefühl und Selbstbestimmung im sinnvollen Rahmen zu motivieren, damit sie sich als Menschen und als Team optimal entfalten. Inzwischen tut man aber schon viel dafür, auch die „alte Garde" (nicht im Sinne von Alter, sondern im Sinne der alten Schule) dahin zu bringen, dass sie diesen neuen Managementstil leben. Und das ist auch gut so, denn vor Jahrzehnten herrschte ja noch die klassische, kommandierende Lehre, die sich heute in der Softwareentwicklung eher hindernd anfühlt.

Wir haben uns an dieser Stelle aber für die zwei herausragenden Extreme entschieden – *Militärorganisation* und *Anarchie* –, die so niemals zum Erfolg führen können. Zwischen diesen beiden Extremen ist allerdings sehr viel Platz für erfolgreiche Projekte und Teams, wobei der agile Erfolg mehr zur gelenkten Anarchie tendiert als zur starren Militärorganisation.

### Militärorganisation

Eigentlich dürfte es ausreichen, schlicht auf das Bild 13.1 zu verweisen und sonst nichts mehr zu sagen. Versuchen wir es aber doch.

**Bild 13.1:** Die beste Organisation ist die Militärorganisation. Nicht wahr? (Quelle: ©iStockphoto.com/InkkStudios)

Die Militärorganisation als Führungsstil hat in Unternehmen kaum Überlebenschancen. Man könnte denken, es gäbe sie nicht mehr, aber das stimmt leider gar nicht.

> Militärorganisationen haben in Unternehmen keine Zukunft.

> ## Aus dem wahren Leben
>
> Als man einem älteren Entwicklungsleiter, der seinen Tätigkeitsbereich seit über 30 Jahren nicht mehr gewechselt hat, agile Methoden vorstellte, hat er kurzer Hand aufgelacht: „Aber wir arbeiten doch schon agil, also beweglich! Ich erteile die Aufgaben, und alle anderen bewegen ihre Torsos."

Was sich wie ein unglaublicher Witz anhört, ist vor allem in Deutschland die Realität. Dadurch, dass es hierzulande keine nennenswerte Start-up-Kultur gibt, überdauern die leitenden Angestellten – auch in der Softwareentwicklung – meist sehr lange und oft mehrere Jahrzehnte auf ihren Plätzen. Das führt zwangsläufig zur Verfestigung der „alten" Schule, die ein Kommandieren von oben mit nahezu keinem Spielraum impliziert. Lernende Manager sind dabei eher die Ausnahme, der Rest beschränkt sich darauf, die alte Leier weiter zu leben.

Freie Geister, so wie Entwickler es sind, fühlen sich in einer Militärorganisation extrem unwohl. Menschen, die herumkommandiert werden wollen und die Freiheitsgefühle nicht interessieren, sind für agile Projekte unbrauchbar. Wir reden eher von Menschen, die etwas erreichen, etwas „zerreißen" wollen. Diese würden in einer Militärorganisation verwelken bzw. sehr schnell das Weite suchen. Andererseits: Auch wenn uns der Vergleich zum Militär missfällt – wenn wir uns die Militärspezialeinheiten anschauen, sehen wir, dass diese tatsächlich als kleine, autonome, interdisziplinäre Teams aufgesetzt sind. Das ist aber ein anderes Thema.

> Der neue Managerschlag hat es gelernt, Mitarbeitern Freiheit und Teams Autonomie zu gewähren.

Die Hoffnung besteht jedoch darin, dass der neue Managerschlag es beigebracht bekommt, den Mitarbeitern bzw. Teams Freiheiten und Autonomie zu gewähren, und geschickt zu lenken statt herumzukommandieren. Sie werden dazu erzogen, sich nicht selbst in den Vordergrund zu drängen, sondern ihre Teams, und sich auf die lenkende Rolle im Hintergrund zu beschränken, denn ihr Erfolg wird am Team- bzw. Mitarbeitererfolg gemessen. Wer heute noch als Manager sich selbst „verkauft" und die eigenen Mitarbeiter als Sklaven ansieht (das ist in der Tat noch gang und gäbe), der ist einfach nur armselig und kurz- bis mittelfristig perspektivlos – sogar noch vor der eigenen Rente!

### Anarchie

Als Gegenteil der Militärorganisation ist Anarchie aber auch keine Lösung. Anarchie kann nicht nur dadurch entstehen, dass ein Team nicht gelenkt wird, sondern vielmehr durch schlechtes, unfähiges, jedoch vorhandenes Management. Wenn das Management mit seinen Aufgaben überfordert ist oder entsprechend der Unternehmenskultur nur sich selbst verkauft, ohne dass dabei die Ergebnisse im Vordergrund stehen, werden Teams auf sich gestellt und verharren ergebnislos im Vakuum.

Haben Sie es noch nie erlebt, dass ein Team ewig lange vor sich hingearbeitet hat und am Ende Ergebnisse ablieferte, die niemanden interessierten und die zudem auch noch völlig „falsch" waren, obgleich diese Beurteilung erst im Nachhinein fiel? Und der Manager, der für das Team verantwortlich zeichnete, distanzierte sich mit Begründungen wie schlechter Mitarbeiterqualität, fehlender Motivation etc. davon. Aber, lieber Manager: Ist es denn nicht deine Aufgabe, die Mitarbeiter zu motivieren und sie so zu lenken, dass ihre Arbeit Früchte trägt (siehe dazu Kapitel 7)?

Ein Team, das keine klaren Ziele hat und Arbeit verrichtet, die niemanden so recht interessiert, ist anarchisch, selbst wenn es einen Manager hat. Anarchie bricht immer bei Ziellosigkeit aus, bei Aussichtslosig-

> **Nicht die Hierarchielosigkeit führt zu Anarchie, sondern die Ziellosigkeit.**

keit, nicht jedoch bei fehlenden Hierarchiestufen. Denn die Geschichte hat uns gelehrt, dass bei einem schwachen Monarchen ein anarchieähnlicher Zustand herrscht, wie es schon z.B. in Russland um den ersten Weltkrieg herum der Fall war.

**Bild 13.2:** Haben Sie noch nie ein Team gesehen, welches in etwa so arbeitet?
(Quelle: ©iStockphoto.com/PhotoEuphoria)

Das Bild 13.2 verdeutlicht noch eine weitere Art, anarchisch zu arbeiten. In diesem Falle verspielt und trotzig. In ungesunden und schlecht strukturierten Organisationen kommt es nicht selten dazu, dass ein Messias auftaucht und das Geschehen an sich reißt. Er verlangt für seine Truppe absolute Autonomie und legt los wie die Feuerwehr. Was auch immer der Messias erzählt hat, man hat ihm zunächst geglaubt, oder zumindest hat er durch seine Brechstangenreden initial überzeugt.

Allerdings leiden solche Sondersturmbrigaden (Mannomann, wir werden diesen Militärjargon aber wirklich nicht los) am Satellitensyndrom, bei dem sie losgelassen werden, aber sich für ihre Erzeugnisse auch nicht recht jemand interessiert, und alle warten nur darauf, bis sie scheitern.

> „Man muss auch jönne könne." –
> Kölsche Mundart

Das Team bekommt es dann aber auch mit allen Müllaufgaben zu tun, die sich in der Organisation angesammelt haben und um die sich niemand zu kümmern traut. Ein solcher Einsatz hat von Anfang an keinerlei Erfolgsaussichten, keine Zielrichtung, kein Standing in den übrigen Reihen. Der Trupp läuft gen Feuerwand und verglüht in dieser zur allgemeinen Freude aller Beobachter, die nur darauf warten.

Sorgen Sie immer dafür, dass das Team entsprechende Ziele hat. Hat es Ziele, und sind diese auch erreichbar, so wird es sich auch selbst organisieren können. Soll es doch. Es gibt keinen Grund, sich unnötig einzumischen – es gibt genügend Gründe und Zeitpunkte, an denen man sich einmischen *muss* – wieso also die Energie auf die unwichtigen Zeitpunkte verschwenden? Vielleicht hilft diese pragmatische Sicht ein wenig, die Teamautonomie besser zu verkaufen. Oder zu kaufen – je nachdem, wer dieses Buch gerade in der Hand hält.

*„Man wird älter als 'ne Kuh und lernt immer noch hinzu."*

*Sprichwort*

# 14 Kontinuierliche Adaption

Quelle: ©iStockphoto.com/jgroup

"At regular intervals, the team reflects on how to become more effective, then tunes and adjusts its behavior accordingly."

„Zu festen Zeiten reflektiert das Team, wie es effektiver werden kann, und passt sein Vorgehen entsprechend an."

### Anekdote

Nach einem langen Streik haben die Zirkusmitarbeiter einen Sieg gegen die Arbeitgeber erzielt. Ab sofort laufen die Seiltänzer nicht mehr auf einem dünnen Seil, sondern auf einem dicken Brett mit Geländer.

Bei diesem Prinzip geht es darum, dass das Team – als eine autonome Einheit – in regelmäßigen Zeitabständen (am besten fortwährend) überprüft, wie es besser werden kann. Es kommen sämtliche Aspekte auf den Prüfstand: Effektivität und Effizienz des Vorgehens, der Wissens- und Kenntnisstand, Lücken und Defizite beim Team und bei jedem Einzelnen. Und mit der Überprüfung allein ist es nicht getan. Aus ihr resultieren konkrete Verbesserungsmaßnahmen, wie auch immer geartet und hart sie sein mögen. Denn es stehen das Vorankommen und der Teamerfolg im Vordergrund.

Etablieren Sie im Team eine Kultur der regelmäßigen Reflektion, auch kontinuierliche Adaption genannt. Sorgen Sie dafür, dass niemand Angst davor hat, konstruktive Kritik zu üben. Fördern Sie Selbstkritik durch Fehlertoleranz. Etablieren Sie eine Kultur, in der Leute keine destruktive Kritik äußern. Optimieren Sie insbesondere die Schwächen, die schwachen Glieder, denn sie drücken die Team-Performance nach unten (ein Team performt nur so gut wie sein schwächstes Mitglied). Trommeln Sie die Leute regelmäßig zusammen, um zu überprüfen, an welcher Stelle es hapert und was dagegen getan werden kann. Lernen Sie aus eigenen Fehlern und denen anderer. Lassen Sie das ganze Team aus Fehlern lernen und sich selbst hinsichtlich der Effektivität und der Effizienz überwachen.

Sorgen Sie dafür, dass dieser Lernprozess als selbstverständlich, gar als notwendig und nicht als aufgezwungen empfunden wird. Sorgen Sie vor allem dafür, dass die erkannten Fehler und Probleme gesammelt, priorisiert und mit den nächsten Iterationen behoben werden. Betrachten Sie sie genauso wie normale Bugs bzw. zu implementierende Funktionen. Messen Sie zusammen mit dem Team regelmäßig, wie gut Sie alle zusammen tatsächlich aus den Fehlern lernen und ob die Verbesserungsmaßnahmen wirklich gegriffen haben.

Aber vergessen Sie bitte niemals auch die guten Seiten zu preisen und zu loben – das Team braucht Erfolge, und diese müssen entsprechend hervorgehoben werden. Sehen Sie immer wieder darauf zurück, was Sie gemacht haben, um die positiven Highlights herauszufinden. Halten Sie diese als gute Beispiele, als Orientierungshilfen für die Zukunft vor Augen, denn nicht nur aus Fehlern soll man lernen, sondern auch aus eigenen Erfolgen, die als positive Muster gespeichert werden müssen. Aber bitte heben Sie dabei bloß nicht Einzelne in unverhältnismäßiger Art und Weise hervor wie das Küren eines „Mitarbeiter des Monats".

Das schürt nur Neid und Missgunst und lenkt vom Teamerfolg ab. Es zählt nur das Team.

## 14.1 Die Bedeutung

Wissen Sie alles? Nein? Eben. Es ist vermessen zu behaupten, man wüsste alles. Alles zu wissen, ist vollkommen ausgeschlossen. Der letzte Mann, der noch als allwissend bezeichnet wurde, war der Augenarzt und Physiker Thomas Young (1773-1829)[1]. Seitdem ist das menschliche Wissen jedoch regelrecht explodiert, sodass es schier unmöglich ist, auch nur einen nennenswerten Bruchteil zu wissen. Das trifft auch auf Teams in IT-Projekten zu. Es ist vielmehr die Kunst eines guten Teams, sich mit dem jeweiligen Wissen und unterschiedlichen Charakteren gegenseitig optimal zu ergänzen, und auf dem Weg zu noch mehr Wissen das eigene Vorgehen kontinuierlich zu verbessern.

**Jedes Projekt ist anders**

Das aktuelle Wissen, ob technisch, fachlich oder über das Vorgehen, ist nur eine Momentaufnahme. Sich auf aktuellem Wissen auszuruhen, ist gerade in IT-Projekten fahrlässig. Kein IT-Projekt ist wie das andere. IT-Projekte zeichnen sich durch hohe Komplexität und unzählige Wechselwirkungen aus. Während das Projekt voranschreitet, treten neue Ereignisse ein, neue Erkenntnisse, neue Anforderungen. Die Halbwertszeit von Wissen und die Einzigartigkeit jeder Lösung sind mit kaum einer anderen ingenieurmäßigen Disziplin vergleichbar.

Vielleicht sind davon die „Stuhlwärmer" ausgenommen, die sich mit ihrem Job zeitlos arrangiert haben und kein Interesse daran haben, konstruktiv einen An-

> „Stuhlwärmer" haben sich mit ihrem Job zeitlos arrangiert.

teil am Teamerfolg zu leisten, aber sonst lernt sowohl jeder Teilnehmer als auch das Team als Ganzes jeden Tag etwas Neues, ob es die Beteiligten zugeben oder nicht. Ein Mensch, der nicht immer wieder etwas Neues lernt, ist ein mehr oder weniger lebendes Wrack[2].

Natürlich heißt das nicht, dass ein Anfänger die gleichen Erfahrungswerte wie ein gestandener Langzeitprofi hat oder Expertise gleichmäßig verteilt ist. Doch das Wichtigste, was der Langzeitprofi bereits gelernt hat, ist: Er weiß, wie er mit neuen, sich weiterentwickelnden Rahmenbedingungen umgeht, um sein Verhalten den wechselnden Bedingungen anzupassen. Er lernt das Lernen selbst, und er lernt stetig dazu.

---

[1] http://de.wikipedia.org/wiki/Thomas_Young_(Physiker)
[2] Auch „Warm Body" genannt.

Was liegt mehr auf der Hand, als das implizite Lernen explizit zu machen, es zu systematisieren und als Vorgang zu optimieren? Ein genauer Blick auf das Prinzip offenbart: Es besteht aus mehreren Teilen. Es zählt einzelne Faktoren auf, die in Summe dessen Bedeutung darstellen:

1. **Zu festen Zeiten:** Abhängig davon, welchen Aspekt man betrachtet, geschieht das Lernen mehr als nur einmal, es geschieht systematisch, zu allgemein bekannten Zeiten. Der Lernprozess ist transparent. Manche Aspekte haben allerdings eine so hohe Lerntaktrate, dass das Lernen zu einem inhärenten Bestandteil des Vorgehens wird.

2. **Das Team:** Das Lernen und die Selbstadaption sind Angelegenheiten des ganzen Teams. Das bedeutet insbesondere auch, das Team hat als Team Erfolg oder auch nicht. Das schließt nicht aus, dass Verantwortlichkeiten auf einzelne Personen verteilt werden, oder dass die Teammitglieder ganz im Sinne der Agilität die Verantwortlichkeiten selbst übernehmen. Es bedeutet aber nicht, dass einzelne Personen mit Anzug, Spezialabzeichen und schwarzem Aktenkoffer als Lernpolizei unterwegs sind. Die Tuning-Polizei ist etwas für die Autobahn, nicht für das agile Projekt!

3. **Effektivität:** Das Richtige machen. Beim Lernen und der Adaption sollten Optimierungspunkte identifiziert werden. Hier sind Ursachenanalysen notwendig, der Kern von Problemen muss identifiziert werden. Eine Symptombehandlung ist nicht zielführend.

4. **Anpassen:** Messbares Anpassen im Team funktioniert nur, wenn einzelne, wenige Punkte gleichzeitig adressiert und schließlich optimiert werden. Nehmen Sie sich also zunächst der Punkte an, die das größte Unheil stiften. Nach dem Pareto-Prinzip sollte man immer die größten Gewinne suchen, denn 80 % des Verbesserungspotenzials stecken in 20 % aller möglichen Maßnahmen. Der Rest kann durchaus als Kosmetik[3] bezeichnet werden. Kosmetik ist schön, aber nicht kriegsentscheidend.

Alles gleichzeitig optimieren zu wollen, geht theoretisch auch, nur verfransen Sie sich unnötig, verschwenden Zeit mit gering priorisierten Nebensächlichkeiten und können schlichtweg die Optimierung nicht kontrollieren bzw. deren Erfolg messen. Die Optimierung muss isolierbar sein, um bewertet werden zu können. Es muss zu einem späteren Zeitpunkt ggf. überprüft werden, ob der Optimierungsschritt gegriffen hat oder ob erneut eingegriffen werden muss.

---

[3] Synonyme für Kosmetik sind „Gold-Plating" und „Perlen an Omas Nachthemd".

**Wissen ist eine Momentaufnahme, Lernen ein kontinuierlicher Prozess**

Was bedeutet kontinuierliche Adaption in Projekten? Jeder, der mal etwas in einem gescheiten Buch gelesen hat, führt es gleich ein? Oder darf jeden Tag jemand anderes den Chef spielen? Oder man geht in Urlaub, wenn die Situation brenzlig wird, und bleibt solange weg, bis alles im Lot ist? Sicher nicht.

Systematisches Lernen hat in agilen Projekten mehrere Ausprägungen, die wir uns im weiteren Verlauf anschauen wollen. Einige von ihnen gehören in den Werkzeugkasten eines jeden Projektteilnehmers – unabhängig vom Vorgehensmodell (wie Retrospektiven). Andere sind gerade für agile Vorgehensmodelle typisch (wie Pair Programming).

Tabelle 16.1 illustriert unterschiedliche Ausprägungen der kontinuierlichen Adaption und des kontinuierlichen Lernens. Die Tabelle beinhaltet Informationen über die Taktung, also wie häufig hier gelernt werden kann. Höchste Taktung (drei Kästchen) kann auch bedeuten, dass die Maßnahme inhärenter Bestandteil des Vorgehens ist, so wie z.B. eine entsprechende Projektatmosphäre inhärent vorhanden ist[4].

**Tabelle 16.1**: Ausprägungen des kontinuierlichen Lernens

| Ausprägung | Beschreibung | Taktung |
|---|---|---|
| Lernen und Atmosphäre | Sie können nur lernen, wenn Sie keine Angst haben. Es muss eine offene Atmosphäre existieren, die Lernen ermöglicht, nein, sogar fördert und fordert. Wenn Sie etwas nicht verstehen, fragen Sie. Wenn der Kollege Ihnen ohne Umschweife die notwendigen Informationen zur Verfügung stellt, vollständig und korrekt, und wenn falsche Entscheidungen nicht bestraft werden, dann sind Sie als Team auf dem richtigen Weg. Des Weiteren muss auch das freiwillige Mitteilen in Form von Wikis und How-tos gefördert werden, damit sich Teammitglieder wissenstechnisch einbringen können. | ■ ■ ■ |
| Collective Code-Ownership | Jeder Entwickler im Team soll in die Lage versetzt werden, auch fremden Code zu ändern und zu verstehen. Das Wissen soll gleichmäßig verteilt werden. Das wird insbesondere dadurch erreicht, dass keine strikten Verantwortlichkeiten auf technischer Komponentenebene verteilt werden. Vielmehr wechseln die Entwickler ihre „Arbeitsstellen" stets durch. Das fördert u.a. auch die Motivation, da Entwickler sehr gerne ständig etwas Neues lernen wollen. | ■ ■ ■ |

---

[4] In dem Fall könnte man auch sagen, die Eigenschaft ist analog, im Gegensatz zu einem digitalen „manchmal ist die inhärente Atmosphäre vorhanden".

| Ausprägung | Beschreibung | Taktung |
|---|---|---|
| Release oder Iteration | Jedes Release eröffnet die Chance, aus dem vorherigen zu lernen. Ein Release besteht erneut und wiederholend aus denselben Phasen wie Entwicklung und Test. Erfahrungen und während eines Release aufgebautes Wissen fließen in das folgende Release ein. Auf diese Art speichert das Team eigene Erfahrungen in einem kollektiven „Gehirn". | ■ |
| Pair Programming | Ein Fahrer und ein Beifahrer zusammen an der Tastatur. Der Fahrer programmiert. Der Beifahrer kontrolliert das Design und den eingeschlagenen Weg. Die Rollen wechseln in kurzen Etappen. Es wird Wissen verteilt und Qualität hochgehalten, und Collective Code-Ownership praktisch umgesetzt. | ■ ■ |
| Tests/ Testgetriebene Entwicklung (Test Driven Development, TDD) | Alle Testkategorien wie technische Unit-Tests und funktionale Akzeptanztests werden kontinuierlich geschrieben und optimiert. Sie sind Bestandteil der Software und werden ebenfalls fortgeschrieben. In Tests steht sehr viel Wissen, und zwar über das Design und die Funktionalität der Software. Durch TDD werden Tests sogar als Spezifikation der Software verzahnt mit der eigentlichen Software geschrieben. Wenn Tests „gebrochen" werden, müssen sie repariert und somit wieder angepasst und folglich ins Gedächtnis gerufen werden. | ■ ■ |
| Kontinuierliche Integration | Die Zusammenführung von Artefakten über Artefakttypen hinweg, das Testen, Bauen, Paketieren und Verteilen von Software eingeschlossen. Diese Vorgänge werden kontinuierlich durchgeführt, wodurch ein doppelter Lerneffekt entsteht. Der eine bezieht sich auf die frühen, permanenten, aktuellen Erkenntnisse aus der erstellten Software. Der andere bezieht sich auf die Integration selbst. Durch häufiges Ausführen lernt man, und die Integration wird zur Routine. Der Prozess ist umgekehrt verstärkend: Wird nur selten integriert, ist kaum Wissen darüber vorhanden, und es knirscht an allen Ecken und Enden. Durch die auftretenden Probleme wird entsprechend weiter seltener oder gar noch seltener integriert. | ■ ■ ■ |
| Retrospektive, Lessons Learned, Tuning Workshop, Post Mortem | Nach jedem Release trifft sich das Team und spricht sachlich über das, was weniger gut, aber auch über das, was gut gelaufen ist. Eine Retrospektive kann viel kaputt machen; entsprechend ist ihre Durchführung sorgfältig zu planen und zu moderieren. Im schlimmsten Fall verlieren einzelne Personen ihr „Gesicht", was jedoch in einer offenen Atmosphäre als Lernfaktor etabliert werden muss und keinesfalls als Bloßstellung gilt. Man vermeidet dabei bewusst das namentliche Anreden von Personen und spricht immer von „wir". | ■ |

| Ausprägung | Beschreibung | Taktung |
|---|---|---|
| Gemeinsames Planen | Maßnahmen wie „Planning Poker" verbessern das gemeinsame Verständnis zwischen Entwicklern und Kunden und ermöglichen eine intensive, kollektive Herangehensweise bei Abschätzungen. Nicht nur das Wissen wird kollektiv aufgebaut und verteilt, auch das Ergebnis selbst ist qualitativ hochwertiger (wie bei den Aufwandsabschätzungen). | ■ |
| Tägliche Team-Meetings (z.B. Daily Scrum, Stand-Up Meeting) | Eine tägliche, idealerweise im Stehen praktizierte Synchronisierung (wobei dies um Himmels Willen nicht dogmatisch angesehen werden sollte, sondern abhängig von der gewählten Praktik). Jeder Teilnehmer berichtet von seinen Aktivitäten seit gestern, wo es Probleme gab und was er bis morgen erledigen will. Dies ist ein wichtiges Vehikel, um kontinuierlich Wissen zu verteilen, Probleme als Team zu identifizieren, zu verfolgen und zu lösen. | ■ ■ |

### Aus dem wahren Leben

Als wieder einmal die große Sparwelle ausbrach, wurde vom Topmanagement eines Unternehmens prompt beschlossen, neben dem Umstieg auf das harte einlagige Toilettenpapier auch noch sämtliche IT-Magazine abzubestellen. Tolle Wissensförderung, nicht?

Allen wissensverteilenden und wissensfördernden Maßnahmen ist gemeinsam, dass sie Risikomanagement implizit machen. Hier freut sich also insbesondere das Projektmanagement. Allein durch ihre Praktizierung „im normalen Betrieb", also ohne Eintritt einer Risikosituation (z.B. Mitarbeiter wird krank oder kündigt), werden die Auswirkungen von Risikosituationen vermindert, wenn sie denn doch eintreten.

## 14.2  Die Fehlinterpretationen

Es ist wie beim Fußballspiel: Auch hier lauert die Gefahr auf beiden Flügeln. Der eine Flügel ist die Ignoranz, also das gänzliche Vernachlässigen des Faktors „kontinuierliche Adaption". Die andere Flanke ist die Übertreibung. Sie ist häufig bei agilen Fundamentalisten zu beobachten, manchmal wird die kontinuierliche Adaption aber einfach nur unbewusst übertrieben angewendet.

**Ignoranz: Die drei agilen Äffchen: „Nichts sehen, nichts hören, nichts sagen"**

Wie in Bild 14.1 dargestellt, sind auch die Leute Feinde und Bremser der Agilität, die sich nicht beteiligen – nichts sehen, nichts hören, nichts sagen. Insbesondere dieses wichtige Prinzip lebt geradezu von der ehrlichen und lückenlosen Reflektion, von Kommunikation untereinander, von Fehlergeständnissen und ihrer Toleranz. Es geht um einen offenen, konstruktiv-kritischen, zielorientierten Umgang miteinander, nicht jedoch um einen Knigge oder Gesichtsverlustängste. Vielmehr hat das Team seine Kommunikationsfähigkeiten dahingehend weiterentwickelt, dass das mit Gesichtsverlust einhergehende Bloßstellen von Kollegen gänzlich unterbleibt.

**Bild 14.1:** Sind diese Äffchen nicht perfekt, um einen Mitarbeiter darzustellen, der jedes Projekt zum Stillstand bringen kann? (Quelle: ©iStockphoto.com/Spiderstock)

Genauso schlimm ist es, wenn Ihre Teammitglieder sich benehmen, als hätten sie die Weisheit mit Löffeln gegessen und Neuerungen gegenüber gänzlich verschlossen sind. „Nein, das brauchen wir nicht" oder „Das haben wir schon immer anders gemacht" sind dabei die klassischen Aussagen. Es kann mit schwerster Knochenarbeit verbunden sein, diese Leute von den Vorteilen zu überzeugen. Dabei haben Sie ganz schlechte Karten, wenn Ihr Gegenüber Angst vor Machtverlust hat und seine Felle davonschwimmen sieht.

> Plumpes Aufdrücken von Standards führt häufig zu künstlichen Botox[5]-Projekten.

Ein Derivat dieser Herausforderung ist der Fall, in dem das Projektteam einem Vorgehensmodell hinterherhechelt, das auf dem Papier zwar schön dokumentiert ist und nahtlos ineinandergreift, in der Praxis dann doch gehörig ruckelt und eben doch massiv angepasst werden muss. Dabei wird

---

[5] http://de.wikipedia.org/wiki/Botulinumtoxin

die offizielle Vorgabe, wie zu arbeiten ist, glatt ignoriert. Jedes Projekt ist anders, und nur weil ein Vorgehen irgendwann mal funktionierte, muss es nicht in anderen Projekten identisch anwendbar sein. Es ist ebenfalls Bestandteil des Lernprozesses, das Vorgehen, also auch die kontinuierliche Adaption, zu justieren. Ein allseits anerkannter Standard kann sicherlich ein guter Orientierungspunkt für die Arbeit sein. Aber bitte: nicht die Realität ignorieren (z.B. durch bloßes Aufsetzen eines Modells, das mal woanders funktioniert hat).

---

### Neulich im Standup-Meeting

Peter: So, nun ich. Ich habe mich weiter um die Klärung der fachlichen Spezifikation gekümmert. Thema läuft.

Erwin: Und was heißt das genau?

Frank: Ich gehe schon mal, ich habe noch einen anderen Termin.

Peter: Klappt schon.

Erwin (resignierend): Ich habe mich um den Bug #4711 gekümmert. Ich habe ihn behoben. Nun will ich mich um Bug #4712 kümmern. Wir wissen ja alle, dass das eigentlich neue Features sind und keine Bugs, sei's drum.

Edith (sitzend): Ich kann Vollzug melden. Alles ist geklärt, alles ist fertig. So wie gestern.

Dieter (holt tief Luft): Ich habe [8 Minuten Monolog], ...

Gerd: Ich habe jetzt zuletzt an blublub banana blubblub gearbeitet. Komme da aber jetzt an der Stelle nicht weiter. Wer kann helfen? [auf die Frage springt auch nach der dritten Wiederholung niemand in der Runde an]

Markus: Ich habe an Baustelle abc weitergemacht. Über technische Details können wir separat reden, das würde diese Runde sprengen.

Peter: Aber Markus, immer musst du so geheimnisvoll tun. Lass uns doch jetzt darüber reden.

Nach insgesamt einer Stunde unterbricht die Mittagsglocke.

---

Adaption verfluchen auch die Leute, die sich mit ihrer Rolle arrangiert haben. Sie schließen sich auf ihrer Wissensinsel ein und machen sich unentbehrlich. Der Mensch mag keine Veränderungen, weil er gerne bequem ist. Diese Kategorie Mensch allerdings tut alles, um Veränderungen bei sich und der Umwelt abzublocken (siehe Bild 14.2). Haben Sie solche Personen im Projekt, dann sollten Sie viel Geduld und Verständnis mitbringen.

**Bild 14.2:** Na komm', fass' doch meinen Bereich an. (In diesem Buch haben wir's irgendwie mit den Affen, finden Sie nicht? Doch vielleicht kennen Sie ja den Begriff „Monkey Business"?) (Quelle: ©iStockphoto.com/Mlenny)

## Aus dem wahren Leben

Einige Manager halten das Pair Programming für reine Ressourcenverschwendung. Geben Sie dem Kind einen Namen. Faktisch setzen sich die Entwickler nicht erst seit Pair Programming zusammen an den Rechner, wenn es Probleme gibt, und es sich tatsächlich um ein Team handelt, auch wenn sie eventuell nicht so systematisch vorgehen wie beim Pair Programming gefordert. Pair Programming falsch angewendet mag Ressourcenverschwendung sein, genauso wie wenn es in einer Konstellation angewendet wird, in der es tatsächlich keinen Sinn ergibt. Aber es gibt eben solche, die es einfach grundsätzlich diskreditieren oder ablehnen. Und Ablehnung hat dann schon etwas von unreflektierter Ignoranz des Vier-Augen-Prinzips.

### Übertreibung: Hören Sie nicht auf agile Fundamentalisten

Haben Sie schon mal an einem heißen Sommertag eine wunderschöne Rose mit ca. 500 Liter glasklarem Wasser gegossen? Nein? Gut so, denn man kann es auch übertreiben.

Lernen und Atmosphäre sind in angemessenem Maß zu genießen. Ein Projektteilnehmer, der mit Büchern unterm Arm besserwisserisch durch die Flure schlendert, hat ganz sicher nichts mit Tuning zu tun. Sie sollten auch vermeintlichen Prozessexperten oder Scrum-Mastern nicht blind hinterherlaufen. Viel besser ist eine gesunde Atmosphäre, die sich – ganz ohne Personen- oder Verfahrenskult – konstruktiv und sachlich mit dem Lernprozess auseinandersetzt.

Collective Ownership[6] ist ein wunderbares Ziel: jede Person direkt ersetzen können; sämtlicher Quellcode kann von allen Teilnehmern gewartet werden usw. Ein Traum! Aber leider sind Wissensinseln ganz normal, wie weiter oben bereits diskutiert.

Ja, zahlreiche Bücher sind voll mit den besten Leitfäden, wie ein Daily Scrum (Stand-Up Meeting) durchgeführt werden soll. Und mit viel Disziplin lassen sich die Ratschläge optimal nutzen. Doch sollten Sie hier nicht mit der Stoppuhr stehen und Personen mitten im Satz unterbrechen, wenn sie ihre Redezeit um zwei Sekunden überschritten hat. Jedes Verfahren, jedes Vorgehen, jede Praktik ist nach wie vor mit eingeschaltetem Gehirn und gesundem Menschenverstand einzusetzen. Und genau davon handelt ja dieses Prinzip: Prüfe, was dich verbessern kann, und adaptiere Methoden, um dich zu verbessern. Nicht blind befolgen, sondern Adaptieren ist das Zauberwort.

> Erkenntnis hat sich durchgesetzt, z.B. „Scrum, und ..."

Die Gefahr bei Retrospektiven ist, dass einzelne Personen dominant auftreten. Das kann unbewusst geschehen – als Wirkung des Charakters. Es kann aber auch gewollt sein, um der Runde seinen Stempel aufzudrücken. Nein, auch eine Retrospektive ist keine Einmannshow, da ist das ganze Team gefragt. Wenn Sie beispielsweise in einer Retrospektive persönliche Angriffe vorfinden, sich Teilnehmer auf einzelne Personen einschießen (die vielleicht gar nicht selbst in der Runde anwesend sind), um einen Sündenbock für etwas zu finden, dann wissen Sie: Hier läuft aber ganz gehörig etwas falsch.

Denken Sie daran, dass es in Projekten immer unterschiedliche Interessensgruppen gibt. In der Theorie ist es natürlich einfach zu proklamieren, dass alle Teilnehmer konstruktiv, offen und auf einer Augenhöhe auftreten. Was ist aber, wenn Sie einen IT-Dienstleister haben, der 90 % der Teilnehmer stellt? Dann werden die anderen 10 % ggf. nicht zwingend die gleiche Stellung genießen bzw. aus rein unternehmensstrategischen Gründen schlichtweg untergebuttert.

---

[6] http://www.extremeprogramming.org/rules/collective.html

> „Auftauchen - Klappe auf-
> reißen - Abtauchen"[7]
> ist nicht erwünscht.

Gerade bei Retrospektiven ist es nicht unüblich, dass einzelne Teilnehmer schnell mal Maßnahmen vorschlagen, von denen sie irgendwo gelesen haben, von denen sie aber nicht wissen, ob sie auf die Situation zutreffen, oder die primär einem Selbstzweck dienen. Verstehen Sie uns nicht falsch: nichts gegen konstruktive Diskussionen über Verbesserungsmaßnahmen. Ein Auftauchen bei den Meetings, um kluge Dinge von sich geben und dann schnell wieder abzutauchen bis zur nächsten Retrospektive, hat nichts mit Team-Play zu tun und ist nicht sonderlich zielführend.

## Eine Hommage

„Wir möchten uns hier in dieser Synchronisierungsrunde nun über den Projektfortschritt unterhalten. Genauso wie vor zwei Wochen in der letzten Runde sind alle Aufgaben zu 90 % abgeschlossen". -- Applaus

„Mir ist die aktuelle Iterationslänge zu kurz. Wir sollten eine längere wählen. Warum? Nun, ich denke, dann haben wir mehr Zeit, die beauftragte Funktionalität zu entwickeln, und wir sparen uns diese lästigen Tests am Release-Ende. Sie kosten nur Zeit, genauso wie diese kontinuierlichen Integrationen." -- Nachdenkliches, zustimmendes Nicken

---

[7] Anti-Muster „Krokodil-Management", vgl. http://de.wikipedia.org/wiki/Anti-Pattern

# 15 Ein paar abschließende Gedanken

*von Michael Hüttermann*

Nicht nur kleine IT-Boutiquen, auch große Unternehmen haben Agilität in ihr Portfolio aufgenommen oder richten ihre internen Prozesse entsprechend aus. Prominente Beispiele sind Microsoft oder IBM. Agilität ist zum Mainstream geworden. Neben den Anleihen, die viele Unternehmen aus dem agilen Werkzeugkasten nehmen, gibt es auch die marketingtechnische Ausschlachtung. Fast jede Methode, ja nahezu jede Aktivität wird mittlerweile mit dem Begriff „agil" dekoriert. Lässt man mal sämtliche Hypes, Übertreibungen, Produkt- und Serviceanpreisungen beiseite, so bleibt was übrig? Der konkrete Nutzen von Agilität, wie er in diesem Buch (hoffentlich) verdeutlicht wurde.

Neben den grundlegenden Werten und Prinzipien, die dieses Buch abdeckt, gibt es noch zahlreiche andere, weiterführende Aspekte, deren (umfassende) Diskussion den Rahmen dieses Buchs sprengen würde. Beispiele dafür sind agile Strategien (wie Kontinuierliche Integration), Managementdisziplinen mit großem agilen Einfluss wie (technisches/fachliches) Release-Management, Konfigurations-, Build-, Deploy-, Test-, Anforderungs- oder Integrationsmanagement, Werkzeuge und deren Integration sowie agile Nutzung, agile Methoden/Vorgehensmodelle und, und, und.

Wie geht es weiter mit der Agilität? Für mich sind die folgenden wichtigen Aspekte der Kern der weiteren Ausrichtung:

- Der Mensch mit seinen Ideen, Erfahrungswerten und Innovationen bleibt der Mittelpunkt der Softwareentwicklung. Alle Versuche, ihn als ersetzbare Ressource anzusehen, die man gar in einer Software Factory systematisiert einsetzen kann, werden auch in Zukunft scheitern.

- Kollektives Verantwortungsbewusstsein bleibt wichtig. Bei allem Idealismus wird es sich auch zukünftig leider nicht immer vermeiden lassen, einzelne

Verantwortlichkeiten (Hüte) klar zu verteilen. So werden auch zukünftig nicht selten Projektrollen zu differenzieren sein, feingranularer als es Scrum mit dem „Team" macht (das funktioniert oft, aber nicht immer). Kollektives Verantwortungsbewusstsein und eine konsequente Ausrichtung an Werten bleibt in vielen Fällen (leider) illusorisch. Das ist beispielsweise der Fall, wenn unterschiedliche Stakeholder verschiedene, orthogonal zueinander stehende Interessen verfolgen, wie das zum Beispiel häufig (aber zum Glück nicht immer) der Fall ist, wenn mehrere IT-Dienstleister in einem IT-Projekt zugange sind.

- Die Bedeutung von Time-To-Market und Effektivität/Effizienz nehmen weiter zu. Projekte werden tendenziell kleiner, Lösungen weniger monolithisch. Integrationen stehen im Vordergrund. Flexible, strikt anforderungsgetriebene Vorgehen, bei hoher Änderungsflexibilität/Selbsterneuerung stehen zunehmend im Vordergrund.

- Softwareentwicklung ist und bleibt kaum mit anderen Disziplinen zu vergleichen, sei es vor dem Hintergrund der Komplexität, der Wechselwirkungen, des „Einflusses Mensch" oder der Halbwertzeit von Wissen.

- Neid, Missgunst, falsche Eitelkeiten und andere negative Eigenschaften bleiben gerade in der Softwareindustrie der ständige Begleiter und der stete Feind der agilen Softwareentwicklung.

- Erfahrungen und Skills (Hard-, aber insbesondere auch Soft-Skills) und eine solide Grundausbildung bleiben wichtige Erfolgsfaktoren. Die Wichtigkeit von Offenheit, „geistiger Flexibilität" und Lernfähigkeit bei respektvollem, kooperativem Miteinander nimmt weiter zu.

- Agilität hat nach all den Jahren weiterhin das „Problem", gewisse Standards zu finden bzw. zu setzen. Zertifizierungen, die es bereits gibt, werden häufig überbewertet. So lässt sich beispielsweise das Einfordern einer (durchaus sinnvollen) ScrumMaster-Zertifizierung und gleichzeitig einer Dissertation kaum nachvollziehen. Gerade aufgrund der Breite von „Agilität" bleibt es spannend, ob es zukünftig (weitere) Standardisierungen geben wird, die auch noch über eine signifikante Transparenz verfügen.

Es bleibt spannend.
Alles Gute!

# 16 Eine Reise in die Zukunft

*von Pavlo Baron*

> *"The great triumph of Humanity I had dreamed of took a different shape in my mind. It had been no such triumph of moral education and general co-operation as I had imagined. Instead, I saw a real aristocracy, armed with a perfected science and working to a logical conclusion the industrial system of today."*
>
> H.G. Wells, The Time Machine

## Anekdote

Ach was, die Zeitmaschine gibt's doch schon längst! Innerhalb eines Jahres kann sie dich um ein Jahr nach vorne befördern.

Als ich meine Zeitmaschine anhielt und sich die Luft vor mir wieder zu stabilisieren begann, sah ich mich mitten in einem großen hellen Raum. Die Jahresanzeige sagte: 2011. Der Raum um mich herum war in mehrere Sektionen unterteilt, und ab und zu gingen Leute von einer Sektion zur anderen, ohne mich überhaupt wahrzunehmen, obgleich meine Zeitmaschine in ihrer Konstruktion doch recht auffällig war.

Ich musste mir unbedingt die Beine vertreten und brannte darauf, mehr über das Jahr 2011 zu erfahren, wo auch immer ich hier gelandet war. Es schien eine Art Großbüro zu sein. Allem Anschein nach befassten sich die hier arbeitenden Menschen mit Technik, denn überall an den Wänden konnte ich technisch anmutende Skizzen und Sprüche erkennen. Sie waren in einer Sprache geschrieben, die mir zwar vom Wortschatz her bekannt war, aber in den einzelnen Sätzen nicht immer einen direkten Sinn zu ergeben schien.

Ich stieg aus und entschloss mich, in eines der Séparées hineinzuschauen und zu sehen, was da so alles geschah, denn ich hörte von dort recht lebhafte Diskussionen. Hier draußen zwischen den Boxen schien die Welt still zu stehen, außer dass manchmal jemand an mir vorbeilief. Und ich wurde nur angesehen, angelächelt und weiter völlig ignoriert, fast als wäre ich ein lästiges Hühnchen auf dem Bauernhof, welches einem über den Weg läuft. Meine Neugierde wuchs mit jeder Sekunde.

Also schlich ich mich durch den Eingang eines solchen Séparées und stellte mich möglichst leise in eine Ecke. Auch hier schien mich niemand wahrzunehmen, denn alle anderen standen auch und ein paar davon ebenfalls an den Wänden der Box. Einige hatten sich im Halbkreis aufgestellt. Einer befand sich neben einem großen weißen Brett, an dem viele bunte Zettel klebten, und rief die Leute aus dem Halbkreis einen nach dem anderen auf, die dann von ihren Taten erzählten, was sie so bedrückte usw. Recht kurz und bündig, bis der nächste das Wort ergriff.

Zwischendurch schob der Mann an der Tafel die Zettel herum, ordnete sie neu an und grübelte einige Sekunden über jedem einzelnen. Ich beschloss, diesen Mann ein bisschen näher zu beobachten, denn er schien der Anführer dieser seltsamen Menschenversammlung zu sein. Und weiterhin nahm niemand mich wahr, sodass ich schon den Wunsch hatte, wie ein Huhn zu gackern. Das Einzige, was mich davon abhielt, war meine Mission als Beobachter, als Zeitreisender. Ich durfte mich nicht einmischen.

Nach einiger Zeit war diese Zusammenkunft auch schon vorbei, und die Menschen gingen in die jeweiligen Ecken des Séparées, um dort an den Tischen Platz zu nehmen, auf denen recht komische, offensichtlich technische Vorrichtungen standen, in die sie ständig schauten und auf denen sich schnell Bilder und Text abwechselten. Dabei klackerten sie permanent auf flachen Vorrichtungen, die vor ihnen lagen und wie flache Schreibmaschinen aussahen. Die Menschen, die vorhin an den Wänden gestanden hatten, verließen das Séparée.

Ich sah mich in dieser Box um. Ich nahm eine gewisse Unordnung wahr. Unter den Tischen stapelten sich Kartons, offensichtlich mit Essensresten. Außerdem sah ich dicke, zusammengerollte Stoffbündel, die wie Decken aussahen und die, dem Aussehen mancher Anwesenden nach zu urteilen, ganz offensichtlich zum Schlafen genutzt wurden. Ich konnte des Weiteren viele bunte Zettel auf dem Boden liegen sehen, die scheinbar nicht mehr gebraucht wurden. Ich hob einen davon hoch und las, was darauf stand: „Kunden anlegen". Seltsam. Das sagte mir ad hoc nichts.

Der Anführer dieser interessanten Mannschaft ging an seinen Schreibtisch. Prompt war schon jemand aus seiner Truppe bei ihm, und kurz darauf beugten sie sich gemeinsam über eine dieser eigenartigen Vorrichtungen, die hell leuchteten und irgendwelchen Text anzeigten. Eine Weile lang sahen sie zusammen darauf, bis der Anführer sagte, dass das so nicht richtig sei und es stattdessen so und so gehöre. Schnell klackerte er auf der flachen Schreibmaschine, und auf der Strahlvorrichtung änderte sich der Text.

Der andere sah sich das an, überlegte kurz, schnappte sich die flache Schreibmaschine, klackerte ebenfalls ein bisschen herum und fragte, ob es dann so vielleicht besser wäre. Der Anführer sah sich das Ergebnis an und nickte zustimmend. Sein Kamerad sagte, dass es ihm tierischen Spaß mache, mit einem so guten Architekten zusammenzuarbeiten. Ich ließt mir seine Worte durch den Kopf gehen und war verwundert, warum der Mann in diesem Kontext vom Architekten und nicht Chef gesprochen hat, aber dies war ja die Zukunft, und ich musste noch viel über sie erfahren und lernen.

Jetzt war der Anführer oder Architekt oder wer auch immer wieder allein. Er lehnte sich in seinem Stuhl zurück. Dann nahm er ein Buch von seinem Schreibtisch. Auf diesem Buch war ein einfaches Ei abgebildet, und das Buch selbst trug den Titel „Fragile Agile". Der Mann öffnete es und vertiefte sich in die Lektüre. Plötzlich bekam er aus heiterem Himmel einen so starken Lachanfall, dass ich richtig erschrak. Die restlichen Anwesenden kannten das wohl von ihm, keiner drehte sich auch nur um.

In diesem Moment klingelte das Telefon – oder zumindest das, was ich für ein Telefon in der Zukunft hielt, denn der Mann nahm es und brachte es an seinem Ohr an, obwohl es so winzig war, dass man es kaum noch als Gerät bezeichnen konnte. Ich konnte dem Gespräch nicht richtig folgen, denn ich musste mich immer noch von dem Schreck erholen. Aber offensichtlich rief jemand an, der dem Mann eine neue Methodik anbot. Das verkündete der Anführer auch ganz laut der ganzen Mannschaft, was zu allgemeinem lauten Gelächter führte. Das Gespräch war danach recht kurz, denn der Anführer der Séparée-Truppe antwortete schlicht: „Danke, wir kaufen nichts."

Dann stand er auf und verließ schnell die Box, ließ dabei aber sein Buch zurück. In diesem Moment fiel mir aber ein, dass meine Zeitmaschine nur auf einen Aufenthalt von zwei Stunden eingestellt war und ich schleunigst zurückkehren musste. Ich überlegte mir kurz, ob ich es tun sollte, denn das war gefährlich, tat es aber dann doch: Ich schnappte mir das Buch und rannte zu meiner Zeitmaschine. Das Rückreisedatum war bereits eingestellt, und so dauerte es nur wenige Minuten, bis sich wieder alles um mich herum zu drehen begann. Bis ich schließlich wieder zu Hause war. In meiner Zeit.

# Register

## 4

45-Stunden-Woche  99

## A

Abnahmekriterien  31
Adaption  150
Agiles Manifest  2, 9
Agile Softwareentwicklung  1, 2, 6, 8, 32,
    42
Akzeptanztests  34
ALM  33
Anarchie  141, 146
Änderungen  13
Anforderungen  28
    Eigenschaften  30
    Entwicklung ohne …  36
    … ohne Meilensteine  38
    puristisch  40
    Stabilität  32
Angst  62, 125
Arbeitsgeschwindigkeit  98
Architekturspielereien  24
Aufgabenbasierte Entwicklung  33
Augenwischerei  94
Auslieferung  42
Autonomie  140

## B

Bereitstellung von Software  44
Beziehungsebene  78
Big Bang  19
Bilder  89
Blendaktionen  93
Blutbild  46

## C

Change-Management  35
Charakter  72
Coach  138
Collective Code-Ownership  153
Collective Ownership  159
Commitment  100
Conway's Law  45

## D

Death March  38
Death Sprint  38
Debatten  56
Delegieren  62
Demokratie  142
Design  92, 114
Disziplin  35
Dokumentation  11
Domänensprache  34
Druck  63

**E**

Einfachheit  128
Entscheidungen  29
Entschleunigung  99
Entspannung  63
Eventualmaßnahmen  103
Exciters  88
Expertenschätzungen  100
eXtreme Programming  7

**F**

Familie  74
Fäule  23
Fauler Lenz  110
Fehlinterpretationen  82
fertig  90
Fingerpointing  58, 79, 108
Fokus  63
Form, Storm, Norm und Perform  52
Freiräume  62
Fundamentalisten  104, 155
Funktionenschnitt  24
Funktionsfähige Software  86

**G**

Gedächtnisstütze  76
Gesamtkontext  18
Geschwafel  77
Geschwätz  76
Gesichtsblindheit  66
Grüne Ampel  49

**H**

Halde  39
Hetzprojekt  106
Hinterherputzer  48

**I**

Individuen  62
Informationen  73
Initialaufwand  29
Inkremente  8, 16, 17, 32, 42, 131
Integrationsschmerz  45

**Interaktionen**  11
Iterationen  8, 16, 17, 32, 42
   Länge  32
   Wasserfallmodell  43

**K**

Kanban  47
KISS  128
Kommunikation  11, 72
Kommunikationsmedium  76
Komplexität  125, 129
Konflikte  74
Kontinuierlich  44
Kontinuierliche Integration  44, 154

**L**

lauffähig  11
Lebenszyklus  116
Legacy  135
Leidensdruck  108
Leistungsschwankungen  101
Lernen  152
Lernprozess  150

**M**

Mainstream  9
Management durch Angst  63
Meetings  77
Menschenverstand  138
Messen  33
Methode  6, 7
Mikromanagement  64, 140, 144
Militärorganisation  145
Modellierungswahn  92
Momentaufnahme  151
Motivation  62, 101
Müdigkeit  107

**N**

Nutzen
   betriebswirtschaftlicher  8
   für den Kunden  8
   für den Programmierer  8

Projektsicht 8
nützliche Software 16

## O

Ockhams Rasiermesser 128
Onion-Pattern 48
Outsourcing 82

## P

Pfusch 114
Ping Pong 53, 122
Plan 13
Planen 155
Planung 35, 100
Planwirtschaft 88
Praxistauglichkeit 119
Prinzipien 2, 3, 10
Priorisierung 24
Produktivität 99
Projektrollen 31
Prozesse 11, 132
Puffer 100

## Q

Qualität 22, 106, 114

## R

Realitätsflucht 124
Refaktorisierungen 35, 131
Release-Notes 33
Ressourcen 66
Retrospektive 154, 160
Risiken 102, 155
Rollierende Planung 35
Routine 55
Ruhepausen 98

## S

Sachebene 78
Schattenvorgehen 134
Schnickschnack 128
Schrankware 30
Schuldige 57

## Scrum

Scrum 2, 3, 7, 34
Selbstbeschäftigung 25
SLA 54
Software 87
Software Configuration Management 35
Software Craftsmanship 115
Sprache 82
Stabilisierungsarbeiten 105

## T

Team 140
Technische Güte 115
Technologietests 24
Technomanie 120, 124
Teile und herrsche 130
Termindruck 106
Time-Boxing 46
Truck-Faktor 102

## U

Über den Zaun 56
Überdimensionierung 24
Überstunden 100
Unerfahrenheit 125
Ungewissheit 68
Universitäten 79
Urknall 20

## V

Verminderungsmaßnahmen 103
Verschwendung 24
Verteilung 45
Vertrag 12, 53
Vorgehensmodelle 6, 7, 134
Vorratshalde 24

## W

Wahrnehmung 74
Wahrscheinlichkeiten 102
Wartung 117
Weiterbildung 101
Werkzeuge 11, 116, 132

Werte  8
Wertepaare  2, 10
Win-Win  74
WIP  103
Wissen  73, 151
Wissensverteilung  103

**Z**
Zero-Tolerance  104
Zusammenarbeit  12, 52

**GUT AUFGELEGT**

ICH BLEIBE OFFEN LIEGEN ;-) DANK SPEZIAL-
FORMAT UND PATENTIERTER BINDUNG

Kösel FD 351 · Patent-No. 0748702